Aktiv und endlich Zeit IN STUTTGART

Der Aktiv-Guide für unternehmungslustige Menschen im besten Alter

COMPANIONS

Liebe Leserin, lieber Leser!

Gehören Sie zu den unternehmungslustigen Menschen im Ruhestand, denen Kaffeefahrten zu anspruchslos und Kreuzworträtsel auf Dauer zu langweilig sind? »Aktiv und endlich Zeit« wurde speziell für aufgeweckte »Unruheständler« geschrieben, die Lust haben, etwas Neues zu entdecken und auszuprobieren. Das Buch zeigt Ihnen, welche überraschenden Freizeitangebote es in Ihrer Region für Menschen im besten Alter gibt.

Mit einer Fülle an Freizeitideen und Adressen sorgt »Aktiv und endlich Zeit« dafür, dass Langeweile gar nicht erst aufkommen kann. Gehen Sie z.B. gerne aus? Dann werden Sie sich über die große Auswahl an Lokalen – vom Biergarten bis zur Cocktailbar – freuen, in denen sich (nicht nur) ältere Menschen wohl fühlen. Wenn es Sie zuweilen aus der Stadt zieht, finden Sie Tourenvorschläge, mit deren Hilfe Sie die Region auf eigene Faust entdecken können, und Veranstalter von Nah- und Fernreisen, die Sie nahezu überallhin bringen. Kunst- und Kulturhungrige kommen dabei ebenso auf ihre Kosten wie Naturfreunde. Und alle, die nicht allein unterwegs sein möchten, bekommen Tipps, wie sie Freizeit- und Hobbypartner kennen lernen können.

Auch wenn Sie auf der Suche nach einer längerfristigen Freizeitbeschäftigung sind, werden Sie in diesem Buch fündig. Ob Sie ein neues Hobby ausprobieren, sich ehrenamtlich engagieren oder noch einmal die Schulbank drücken möchten, »Aktiv und endlich Zeit« zeigt Ihnen, wo Sie sich in Ihrer Stadt engagieren oder weiterbilden können. Und damit Sie fit und gesund bleiben, sollten Sie auch das eine oder andere der vorgestellten Sportangebote nutzen, die auf die Bedürfnisse von Senioren zugeschnitten sind.

Unter den vielen Vorschlägen zur Freizeitgestaltung ist bestimmt das passende Angebot für Sie dabei. Blättern Sie weiter und lassen Sie sich inspirieren... Und wenn Sie auf Ihren Streifzügen durch die Region etwas entdecken, was in »Aktiv und endlich Zeit« erwähnt werden sollte, freuen wir uns selbstverständlich über Post von Ihnen.

Ausgehen

Hand aufs Herz, wann waren Sie das letzte Mal so richtig nett aus? Bestimmt haben Sie mal wieder Lust auf einen Restaurant- oder Barbesuch, allein oder zu zweit. Falls Sie nicht so recht wissen, wohin, finden Sie auf den nächsten Seiten eine breite Auswahl an Lokalitäten, in denen sich (nicht nur) Menschen jenseits der 50 wohl fühlen.

Wie wäre es z.B. mit einem Essen in einem gediegenen Restaurant, um anschließend den Abend in einer gepflegten Bar bei einem exotischen Cocktail ausklingen zu lassen? Oder möchten Sie lieber vergnügt das Tanzbein schwingen? Suchen sie sich das passende Angebot aus! Alle, die lieber bei Tageslicht unterwegs sind, finden eine ebenso große Auswahl an Cafés und Restaurants, in denen Sie sich tagsüber verwöhnen lassen können: Vom gemütlichen Café, das zur kurzen Erholungspause während des Stadtbummels einlädt, bis zum Tanztee reicht das Gastronomie-Angebot für »Tagaktive«.

Natürlich wurden auch Museen, Kinos und Theater nicht vergessen. Viele Kulturstätten locken wochentags bzw. in den Nachmittagsstunden, wenn der Besucherandrang eher gering ist, mit verbilligten Eintrittspreisen oder Sonderveranstaltungen. Welche Kunst- und Kulturbetriebe solche Vergünstigungen regelmäßig anbieten, lesen Sie auf den Seiten 13 und 14. Und weil Ausgehen zu zweit oder in der Gruppe (oft) mehr Spaß macht als alleine, erfahren Sie in diesem Kapitel auch, wie Sie in Ihrer Stadt Hobby- und Freizeitpartner kennen lernen können.

GUM

Das eigentliche Metier von GUM-Wirtin Erika Schindler ist die Mode. Von Montag bis Samstag öffnet die Modemacherin ihr Atelier, um ihre ausgefallenen Textil-Kreationen unter die Leute zu bringen. In der angrenzenden Café-Bar, die auch sonntags geöffnet ist, erholen sich nicht nur Kunden vom Kleidereinkauf, sondern auch weniger Modeinteressierte stillen ihren Hunger mit leckeren italienischen und französischen Gerichten oder nippen an raffinierten Longdrinks. Eine besondere Wohltat für alle, die dem blauen Dunst nicht sonderlich zugetan sind: Im GUM ist Rauchen nicht gestattet.

Mozartstr. 3, 70180 Stuttgart, Tel. 649 37 35. Di-Fr 15-23, Sa 13-23, So 10.30-18 Uhr.

NECKARFAHRT MIT MUSIK & WEIN

In der Zeit von Mai bis Oktober veranstaltet der Neckar Käpt'n fröhliche Weinfahrten von Stuttgart nach Poppenweiler. Jeden Mittwoch um 18.30 Uhr können Sie an der Anlegestelle Wilhelma an Bord gehen und sich ein paar schöne Stunden in netter Gesellschaft machen. Für Stimmung und gute Laune sorgt neben einem Schoppen Wein auch Livemusik.

Nekar Käpt'n, Berta-Epple-GmbH & Co, Schiffsanlegestelle Wilhelma, 70376 Stuttgart, Tel. 54 99 70 60. Fahrpreis: DM 27 inkl. 1/2 Liter Wein.

TEEHAUS IM WEISSENBURG-PARK

Bestehen Sie nach feiner englischer Art auf Ihrem Five o'clock tea: Am stilvollsten können Sie ihn im Teehaus im Weißenburgpark genießen und dafür unter diversen Teesorten und leichtem Gebäck wählen. Neben Tee hat das Restaurant auf dem Bopser auch noch viele andere Leckerbissen von flüssig bis fest anzubieten. Ganz billig ist der Spaß über den Dächern von Stuttgart jedoch nicht. Aber das einmalige Flair entschädigt allemal.

Teehaus im Weißenburgpark, Hohenheimer Str. 119, 70184 Stuttgart, Tel. 236 73 60. März-Okt tägl. 11-23 Uhr. Kännchen Tee und 1 Stück Kuchen DM 11.

CAFÉ MARQUARDT

Das renommierte Café Marquardt ist ein Treff für Menschen jeden Alters: Geschäftsleute, Studenten, die reifere Jugend – hier gibt sich ganz Stuttgart ein fröhliches Stelldichein. Im Winter in den im Kaffeehausstil gehaltenen Räumlichkeiten, im Sommer vor dem Café inmitten der Fußgängerzone. Warum nicht auch Sie? Lassen Sie einen Prosecco im Glas perlen, zelebrieren Sie die Teestunde und versäumen Sie vor allem nicht, einen der hervorragenden Kuchen zu probieren. Sollte Ihnen der Sinn eher nach Deftigem stehen, finden Sie auf der Speisekarte saisonale Köstlichkeiten.

Königstr. 22, 70173 Stuttgart, Tel. 29 37 78. So-Do 11-1, Fr u. Sa 11-2 Uhr.

WEINGUT WÖHRWAG

Wollen Sie einmal preisgekrönte oder preisverdächtige edle Tropfen direkt beim Winzer probieren? Der Riesling-Sekt (Brut) des Weingutes Wöhrwag wurde beim Stuttgarter Weinpreis im September 1998 als bester Stuttgarter Sekt bewertet. Ein Besuch des Weingutes, das im alten Ortskern Untertürkheims liegt, lohnt sich auf jeden Fall, auch wenn Sie keinen großen Weinkeller füllen müssen. Sie können auch kleine Mengen kaufen und selbstverständlich alle Weine vorher an den langen Tischen im Verkaufsraum verkosten und sich fachkundig beraten lassen.

Weingut Wöhrwag, Grunbacher Str. 5, 70327 Untertürkheim, Tel. 33 16 62. Mo-Fr 8-12 u. 16-18.30, Sa 9-13 Uhr.

RED BARON

Ein Drink am Flughafen? Warum nicht? Die internationale »Jetset-Atmosphäre« kann durchaus anregend wirken. Das Red Baron mit Blick auf Start- und Landebahn ist dafür wahrlich kein schlechter Platz. Versuchen Sie mal das üppige Frühstücksbüfett, das ab 5.30 Uhr kredenzt wird, und dem auch schon David Copperfield zugesprochen haben soll. Gegen den kleinen und großen Hunger finden Sie auf der umfangreichen Speisekarte bestimmt das passende Gericht. Sollten Sie die Zeit zum Abflug angenehm überbrücken wollen, denken Sie daran, dass die Aufrufe der Flüge nicht in die Bar übertragen werden!

Flughafenterminal 1, Ebene 4, 70629 Stuttgart, Tel. 948 27 20. Tägl. 5.30-23 Uhr.

Luftbad - Der Grieche im Grünen

Zum Renner unter den Ausflugslokalen hat sich der »Grieche im Grünen« gemausert. Auf Stuttgarts Höhen erholt sich Jung und Alt bei klassischen griechischen und schwäbischen Gerichten – mittags, abends, zu zweit oder in der Gruppe. Im Sommer lockt das Gartenrestaurant mit seinen rund 320 Plätzen unter Kastanien. Zwischen 11.30 und 15 Uhr wartet die Tageskarte mit preiswerten und schnell servierten Köstlichkeiten auf. Den anschließenden Verdauungsspaziergang absolvieren Sie in den Grünanlagen des Sportzentrums, um dann erneut zur Kaffeepause einzukehren. Kurzum, ein guter Platz, um einen heißen Sommertag zu verbringen.

Georgii-Weg 16, 70597 Stuttgart, Tel. 765 19 93. Di-So 11.30-24, Mo 17-24 Uhr.

Gartenwirtschaft Homöopathischer Verein

Wenn Sie jetzt an Bachblüten und Globuli denken, liegen Sie völlig falsch. Nicht hoch verdünnte Essenzen, sondern liebevoll zubereitete Spezialitäten aus der schwäbischen und rumänischen Küche erwarten Sie in der idyllischen Gartenwirtschaft. Unbedingt probieren sollten Sie den Auberginensalat und die Cevapcici nach Banater Art.

Schützenhausweg 71, 70499 Stuttgart, Tel. 889 22 30. Mo 17-23, Di-Fr 14-23, Sa 13-23, So 10-23 Uhr.

Restaurant & Café im Fernsehturm

Der Stuttgarter Fernsehturm ist – allen kritischen Stimmen zum Trotz – zum Wahrzeichen der baden-württembergischen Landeshauptstadt geworden. Falls Sie ihn noch nie »erklommen« haben, trauen sie sich ruhig mal hoch hinaus, denn von keinem anderen Punkt Stuttgarts haben Sie einen grandioseren Blick auf die Stadt, über die Weinberglandschaft des Neckartales bis zur Schwäbischen Alb, zum Schwarzwald und zum Odenwald – und aufs Heimspiel der Stuttgarter Kickers, falls gerade eines stattfindet. An manchen Tagen ist sogar das Gipfelpanorama der deutschen, österreichischen und Schweizer Alpen zu sehen. Die Auffahrt im lautlos hinaufgleitenden Fahrstuhl lohnt sich jedoch nicht nur wegen des Ausblicks, sondern auch wegen der dort befindlichen Gastronomie. Während Sie im »Café Panorama« inmitten eines bunt gemischten Publikums Aussicht und Kaffee zu zivilen Preisen genießen können, werden Sie in »Weber's Gourmet Restaurant« mit kulinarischen Highlights verwöhnt. Dass hier nicht nur Lage und Küche »top« sind, sondern auch die Preise, versteht sich: Dorade rosé an Papaya-Basmati-Reis in Curry-Emulsion für DM 57.

- *Panorama Café, Jahnstr. 120, 70597 Stuttgart, Tel. 24 89 96-20. Tägl. 10-22 Uhr.*
- *Weber's Gourmet im Turm, Jahnstr. 120, 70597 Stuttgart, Tel. 24 89 96-10. Di-Sa 12-13.30 u. 18.30-21.30 Uhr. Mittag-/Abend-Menü ab DM 85/128.*
- *Aufzug: DM 5, ab 20 Pers. DM 3 p.P.*

WEINSTUBE UNMÜSSIG

Fein geht es in der kleinen Weinstube Unmüssig zu. Rustikal wie das Inventar zeigt sich die Speisekarte mit vornehmlich schwäbischen Gaumenfreuden, wie die traditionellen Maultaschen – wahlweise geröstet oder geschmelzt – sowie das Nationalgericht der Schwaben »Linsa, Spätzle und Saidewürschtle«. Dazu reicht die Bedienung selbstredend Rebensaft. Insgesamt 16 offene Weißweine, fünf Mal Weißherbst und 14 verschiedene Rotweine stehen zur Auswahl. Die überwiegend baden-württembergischen Weine kann man im Sommer auch auf der Terrasse genießen.

Katzenbachstr. 66, 70563 Stuttgart, Tel. 73 41 76. Tägl. 11-24 Uhr. 1/4 l Wein ab DM 5,90.

ONKEL OTTO

In der urigen Kneipe auf der Wangener Höhe sitzen Sie unter Bäumen im weiten Rund, genießen Schwäbisch-Deftiges oder leichte Saisonkreationen. Seit dem Umbau vor einiger Zeit hat das Gartenlokal allerdings etwas von seinem rustikalen Charme verloren. Der gekieste Boden ist jetzt teilweise betoniert, die Sitzgelegenheiten – früher knorrige Baumstämme – sind jetzt Bänken und Stühlen gewichen – die Bandscheiben bedanken sich. Geblieben ist dagegen die entspannte Stimmung; tagsüber wie abends sitzt junges sowie gesetzteres Publikum in Onkel Ottos Garten.

In den Stubenweinbergen 5, 70327 Stuttgart (Wangen), Tel. 480 93 40. Mo-Fr 15-1, Sa u. So 11-1 Uhr.

MARKTHALLE

Warum nicht einmal das Angenehme mit dem Nützlichen verbinden? Die Stuttgarter Markthalle eignet sich perfekt dazu, den Lebensmitteleinkauf mit einem Restaurantbesuch zu kombinieren. In der im Jugendstil erbauten Halle finden Sie nicht nur eine überquellende Fülle an Obst, Gemüse, Fleisch, Fisch und Gewürzen, sondern auch zwei Lokale, die Sie mit unterschiedlicher Küche locken: Im gemütlichen »Restaurant Café Markthalle« geht es geschäftig-schwäbisch zu. Die Schmankerln aus der heimischen Küche begeistern nicht nur Hausfrauen, Stadtbummler und Touristen, sondern auch die Bediensteten des um die Ecke gelegenen Rathauses, die gerne ihre Mittagspause hier verbringen. Dienstags, donnerstags und samstags, wenn auf dem Rathausplatz der Wochenmarkt abgehalten wird, haben Frühaufsteher zwischen 6 und 7 Uhr Gelegenheit, in Gesellschaft von Marktleuten und Händlern zu frühstücken. Wer die anspruchsvolle italienische Küche liebt und das bunte Treiben zwischen den Marktständen von oben verfolgen möchte, der nimmt auf der Galerie im italienischen Restaurant »Empore« Platz. Genießer werden dort nach allen Regeln der (Koch-)Kunst mit mediterranen Köstlichkeiten verwöhnt.

- *Markthalle, Dorotheenstr. 4, 70173 Stuttgart. Mo-Fr 7-18, Sa 7-16 Uhr.*
- *Café Restaurant Markthalle, Tel. 24 55 31. Mo-Fr 6-18.30 (Biergarten im Sommer bis 22 Uhr), Sa 6-16 Uhr.*
- *Restaurant Empore, Tel. 24 59 70. Mo-Fr 9-22, Sa 8-16 Uhr.*

KULTURCAFÉ CASSIOPEIA

Ein Waldheim auf Abwegen. Wo man eigentlich Wanderer und bürgerlich-rustikale Atmosphäre erwartet, hat ein Bistro-Café eröffnet, das mit dieser Tradition bricht. Ein vielseitiges Kulturprogramm bietet jungen und alten »Waldläufern« neben Gaumenfreuden auch intellektuelle Nahrung – hier ist für alle Altersgruppen was dabei: Ausstellungen, Filmabende in Zusammenarbeit mit der Filmhochschule Ludwigsburg und Konzerte von Klassik über Jazz bis Hardrock. Diese Veranstaltungen finden so oft wie möglich »open air« statt, umrandet von waldiger Kulisse. Außerdem besteht die Möglichkeit, auch private Feiern zu veranstalten.

Waldebene Ost 20, 70186 Stuttgart, Tel. 24 01 34. Mo-Fr 17-1, Sa 15-2, So 11-1 Uhr.

BISTRO BRENNER

Haben Sie mal wieder so richtig Lust auf Weißwürste? Dann »nix wie los« ins Bistro Brenner! Jeden Samstag wird hier der – frisch importierte – bajuwarische Klassiker gereicht. Wer es gerne zünftig mag, bestellt sich zu einem Paar Weißwürsten mit süßem Senf und einer Brezel (DM 9,50) noch ein süffiges Hefeweizen. Entgegen der bayerischen Tradition gibt es das Weißwurstfrühstück auch weit bis nach dem Zwölf-Uhr-Läuten, was besonders Langschläfer zu schätzen wissen.

Brennerstr. 5, 70182 Stuttgart, Tel. 23 27 08. Mo-Fr 8.30-20, Sa 8.30-16 Uhr.

Staatstheater Stuttgart

Wussten Sie, dass das ehemalige königliche Hoftheater das größte Dreispartentheater der Welt ist? »Dreisparten« bedeutet, dass sich Oper, Ballett und Schauspiel unter einem Dach befinden. Wer gerne regelmäßig Theaterluft schnuppert, sollte sich eines der diversen Abonnements gönnen, die auf die verschiedenen Vorlieben und Bedürfnisse der Theaterliebhaber zugeschnitten sind. Neben den vergünstigten Eintrittspreisen (bis zu 40 %!) bietet es Ihnen auch die Möglichkeit, kostenlos mit dem VVS zu den Vorstellungen anzureisen. Für Kunstfreunde, die nicht gerne spätabends nach Hause kommen, bietet sich das »Abonnement 97« an, das nur Sonntagabend-Vorstellungen berücksichtigt, die bereits um 18 Uhr beginnen. Im Abonnementbüro werden Sie ausführlich beraten, welches Abo das richtige für Sie ist.

Abonnementbüro, Oberer Schloßgarten 6, 70173 Stuttgart, Tel. 20 32-220. Di-Fr 10.30-13 u. 15-17, Sa 10.30-12 Uhr.

Stuttgarter Philharmoniker

Lieben Sie klassische Musik? Dann besuchen sie doch mal wieder ein Konzert der Philharmoniker. 1994 feierte das Orchester, das schon einige erfolgreiche Europa-, USA- und Japantourneen verbuchen konnte, sein 70-jähriges Jubiläum. Spezielle Abonnements-, Jugend-, Kinder- und Familienkonzerte werden neben den regulären Veranstaltungen gegeben. Auch im Rahmen des Programms »Kultur am Nachmittag« (s.S. 14) werden Konzerte der Philharmoniker besucht. Das Orchester konzertiert bei großen Konzerten im Beethovensaal der Liederhalle.

Philharmonie Gustav-Siegle-Haus, Leonhardsplatz 28, 70182 Stuttgart, Tel. 216 78 43. Abo f. Sen. (4 Konzerte) ab DM 50.

Bachakademie

Anhänger klassischer Musik kommen an dieser Stuttgarter Institution, die 1981 gegründet wurde und inzwischen Weltruhm erlangt hat, nicht vorbei. Ihr Anliegen ist nicht nur die Forschung und Lehre der Werke Bachs und anderer Komponisten, sondern auch der Dialog zwischen Musikexperten und Publikum. Aus diesem Grund finden nicht nur regelmäßig Konzerte statt, sondern im jährlichen Wechsel das »Europäische Musikfest« und die »Sommerakademie«. Dabei können sich Interessierte jeweils vier Wochen lang unter Meisterschüler, Musikwissenschaftler und Künstler von Rang mischen und von morgens bis in die Nacht Vorträgen und Konzerten lauschen oder an Kursen, Gottesdiensten und Diskussionsforen teilnehmen. Das aktuelle Programm erfahren Sie bei folgender Adresse:

Internationale Bachakademie Stuttgart, Johann-Sebastian-Bach-Platz, 70178 Stuttgart, Tel. 619 21-0. Konzert ab DM 28, sonstige Veranstaltungen DM 0-120. Für Schwerbehinderte 50% Ermäßigung.

MUSEUMPÄDAGOGISCHER DIENST

Der Museumspädagogische Dienst der Landeshauptstadt Stuttgart bietet allen Stuttgarter Seniorengruppen, Klubs, Begegnungsstätten oder Heimen Führungen in Stuttgarter Museen und Ausstellungsinstituten an. Die Einrichtung, die seit mehr als 20 Jahren erfolgreich arbeitet, ist ein kostenloser Service. Sie besuchen mit dem Dienst die vier großen Landesmuseen, die Galerien in der Stadt und Sonderausstellungen zu unterschiedlichsten Themen. Derzeit sind die Stadterkundungsgänge zum Thema »Stuttgart 21« mit den Planungen für das Bahnhofsareal der Renner. Ihre telefonischen Anmeldungen zu allen Führungen sollten Sie möglichst drei bis vier Wochen im Voraus tätigen. Falls Sie selbst nicht in eine (Senioren-) Gruppe eingebunden sind, finden sie auf Seite 77 unter dem Stichwort »Aktivitäten« Treffs und Gruppen, die ab und zu Führungen wahrnehmen und denen Sie sich gerne anschließen können.

Museumspädagogischer Dienst, Heusteigstr. 39, 70180 Stuttgart, Tel. 216 29 96. Kosten: nur Museumseintritt, Führung kostenlos.

STADTBÜCHEREI

Nutzer der Stadtbücherei wissen natürlich längst, dass hier nicht nur Bücher ausgeliehen, sondern auch regelmäßig Lesungen und Vorträge besucht werden können. Besonders beliebt bei einem älteren Publikum sind die »Expertengespräche«, bei denen Fachleute aus Kultur, Wissenschaft und Technik über ein aktuelles Thema referieren, sowie die Veranstaltungsreihe »Vorlesen und Zuhören«, die wie die »Expertengepräche« am Spätnachmittag stattfindet. »Vorlesen und Zuhören« lädt im Winter zum »Wintersalon« und in der heißen Jahreszeit zum »Sommerlichen Literaturaperitif« auf dem Balkon der Hauptstelle im Wilhelmspalais ein. Das Programmheft erscheint jeden Monat neu und liegt in den Filialen der Stadtbücherei aus.

Stadtbücherei am Wilhelmspalais, Konrad-Adenauer-Str. 2, 70175 Stuttgart, Tel. 216-57 44 u. 216-57 45. Eintritt: DM 0-12.

KULTUR AM NACHMITTAG

Dieses Programm des Kulturamtes Stuttgart bietet ihnen ein ganzes Paket an Kulturveranstaltungen – im musikalischen wie im Theaterbereich. Daran beteiligt sind u.a. das Theater der Altstadt, die Komödie Marquard sowie das Figurentheater. Alle Veranstaltungen zum einheitlichen Preis von DM 13 beginnen um 16 Uhr. Zur Aufführung kommen Boulevard- und Volksstücke ebenso wie klassische Stücke. Im musikalischen Bereich dürfen Sie sich auf die Philharmoniker und andere kammermusikalische Ensembles freuen. Eine Broschüre informiert über das Programm (Spielzeit: September bis Juni).

Kulturamt Stuttgart, Eichstr. 9, 70173 Stuttgart, Tel. 216 76 79. Kartenhäuschen im Stuttgarter Wochenblatt. Infotheke im Rathaus, Ansprechpartnerin: Frau Rothert.

167
168

ABENDBUMMEL

Zu einem unterhaltsamen und informativen Bummel durch das Stuttgarter Nachtleben, bei dem auch alteingesessene Stuttgarter noch etwas Neues erfahren, lädt das Stadtmarketing ein. Der Streifzug beginnt am Schillerplatz vor dem Alten Schloss und führt Sie durch die Karlspassage zum Bohnenviertel und nach dem Besuch eines Nachtklubs mit Show zum Hans-im-Glück-Brunnen. In den umliegenden Lokalen klingt der Abend gemütlich aus. Aperitif, Abendessen und in jedem Lokal ein Getränk sind im Bummel inbegriffen.

Anmeldung und Karten: i-Punkt, Königstr. 1a, 70173 Stuttgart, Tel. 22 28-240. Jeden Sa 19-ca. 0.30 Uhr. Mindestbeteiligung 10 Teilnehmer. DM 115 p.P.

PIANO-BAR

Im Hotel Maritim finden Sie eine stilechte Pianobar. Ob Sie plaudern und französische Chansons hören möchten oder sich lieber mit Ihrem Partner oder Ihrer Partnerin zu südamerikanischen Rhythmen oder softer Pianomusik auf der Tanzfläche wiegen – für unterschiedlichste Stimmungen gibt es hier das richtige Angebot. Später am Abend füllt sich die Bar mit allerlei internationalem Publikum, unter dem so manches prominente Gesicht ist: »Sehen und gesehen werden« heißt hier die Devise.

Hotel Maritim, Forststr. 2, 70147 Stuttgart, Tel. 94 20. So-Do 18-1, Fr u. Sa 18-2 Uhr.

SCHWÄBISCHE WEINSTUBE

Die beste Zeit für ein gemütliches »Viertele« in der Weinstube des STELLA-Centers ist zwischen 20 und 23 Uhr. Da ist nämlich gerade die Vorstellung »Die Schöne und das Biest« in der Musical-Hall in vollem Gange. Und während Kim ihrem Chris ewige Liebe schwört und die Schöne ihr Biest zähmt, sind die lauschigen Nischen in dem schwäbischen Lokal am kuscheligsten. Zu empfehlen sind die Maultaschen, die Vesperplatte oder der Zwiebelrostbraten.

STELLA Erlebnis-Center, Plieninger Str. 100, 70567 Stuttgart, Tel. 721-21 20. Mo-Do 17-1, Fr 17-2, Sa 12-2, So 12-1 Uhr.

WEINHAUS STETTER

Bier werden Sie im Weinhaus Stetter nicht finden, denn der Wirt hat sich ganz dem Rebensaft verschrieben. Aber den Gerstensaft werden Sie kaum vermissen, da die Weinkarte selbst den eingefleischtesten Biertrinker entschädigt. Die urgemütliche Weinstube im Bohnenviertel ist nebenbei bemerkt der Inbegriff weinseliger Gemütlichkeit. Der Wein ist günstig (1/4 Liter ab DM 5,30), das Essen herzhaft und echt schwäbisch. Überhaupt nicht günstig ist jedoch die Parkplatzsituation im Viertel. Kommen Sie daher lieber mit öffentlichen Verkehrsmitteln, die U-Bahn-Station Charlottenplatz ist ganz in der Nähe.

Rosenstr. 32, 70182 Stuttgart, Tel. 24 01 63. Mo-Fr 15-23, Sa 11-15 Uhr.

WIELANDSHÖHE

Lassen Sie sich doch einmal kulinarisch verzaubern: Der Maître im Restaurant Wielandshöhe muss entweder mit Merlin, dem Zauberer, verwandt sein oder verschiedene Kurse in (Küchen-)Magie belegt haben. Wie auch immer, eines ist er auf jeden Fall: ein passionierter Perfektionist. Das haben auch die Sterneverteiler von Michelin und Gault Millau erkannt. Lohn der Arbeit: Sterne, Mützchen und andere Auszeichnungen. Eine Spezialität des Chefkochs ist Kapaun an Ingwer und Limone (DM 64). Allerdings bietet dieser Gourmettempel keine schwäbische Küche.

Alte Weinsteige 71, 70597 Stuttgart, Tel. 640 88 48. Di-Sa 12-14 u. 18.30-21 Uhr. 3-Gänge-Menü ab DM 122.

»ZUR KISTE«

Eigentlich sitzen sich die Schwaben nicht gern »auf der Pelle«, aber in Besenwirtschaften und Weinstuben wird da schon mal eine Ausnahme gemacht: So auch in der Weinstube »Zur Kiste«. Das historische Gebäude in der Kanalstraße schenkte einst der letzte Württembergische König einem Kutscher für seine treuen Dienste als Altenteil, und es hat sogar den zweiten Weltkrieg überstanden. Die ursprüngliche »Kernzelle« der Kiste befindet sich im Erdgeschoss. Die Antiquitäten samt Schwarzwalduhr und vergilbten Fotos vergangener Stammtische strahlen eine urige Gemütlichkeit aus. Inzwischen gibt es aber auch in den beiden oberen Stockwerken traditionelle Gerichte wie gebratene Schinkenwurst oder Maultaschen. Eng wird es aber in jedem Fall, denn die Kiste gehört zu den »Vorzeige-Weinstuben« Stuttgarts.

Kanalstr. 2, 70182 Stuttgart, Tel. 24 40 02. Mo-Fr 17-2, Sa 11.30-24 Uhr.

TOP AIR - AIRPORT

Abheben können Sie am Stuttgarter Airport auch ganz ohne Flugticket. Hier hängt der Himmel voller Sterne – Gourmetsterne nämlich, die die Köstlichkeiten auf den Tellern und in den Gläsern verdient haben. Ob vier, fünf, sechs oder sieben Gänge – jeder Bissen bedeutet ein Gaumenspektakel. Für den erlesenen Genuss muss man jedoch etwas tiefer in die Brieftasche greifen.

Flughafenterminal 1, Ebene 4, 70629 Stuttgart, Tel. 948 21 37. Tägl. 11.45-14.30 u. 17.45-24 Uhr. Sa nur abends. 3-Gänge-Menü ab DM 75.

INTER-CONTINENTAL

Ein Treff mit internationalem Flair bis spät in die Nacht ist die Bar des Hotels Inter-Continental. Im stilvollen Ambiente und bei einem coolen Drink genießen Sie die Pianobar-Atmosphäre, die auch prominente Zeitgenossen wie Boris Becker, Claudia Schiffer oder Mick Jagger zu schätzen wissen.

Willy-Brandt-Str. 30, 70173 Stuttgart, Tel. 20 20-0. Tägl. 10-1 Uhr. Wechselnder Tagescocktail DM 15.

WEINSTUBE EMILIE

Anwohner, Geschäftsleute und Viertelesschlotzer jeden Alters treffen sich gerne in der gemütlichen Weinstube Emilie im Heusteigviertel. Die kuschelige Atmosphäre schafft der liebevoll ausgesuchte Trödel in der Wirtstsube: Alte Nähmaschinen stehen unter historischen Fotos von Paris. Kulinarisch gesehen können Sie Bodenständig-Schwäbisches mit Pfiff erwarten. Stammgäste schwärmen geradezu vom Rostbraten bei Emilie. Im Sommer erfrischen knackige Salatvariationen. Einladend wirkt auch die kleine Terrasse, wo Sie die laue Abendluft genießen und das Treiben im Viertel beobachten können.

Mozartstr. 49, 70180 Stuttgart, Tel. 649 19 00. Mo-Do 17-24, Fr 18-1 Uhr.

SCHLOSS SOLITUDE

Dass Deutschlands Könige oftmals dem Festgelage frönten, ist bekannt. In der Gastronomie des Schlosses Solitude wären Könige und Kaiser mit Sicherheit auf ihre Kosten gekommen. Eine exquisite Küche betört Ihre Geschmacksknospen, vielfältige Weine aller renommierten Anbaugebiete und ein altehrwürdiges Ambiente verwandeln den Besuch in eine königliche Gaumen-Gala. Dazu haben Sie die Wahl, ob Sie sich auf der sonnigen Terrasse oder im lauschigen großen Biergarten niederlassen.

Kavaliersbau Haus 2, 70197 Stuttgart, Tel. 69 20 25. Di-Sa 11-23, So 11-19 Uhr. Rostbraten m. Zwiebeln u. Spätzle DM 34.

COME PRIMA

Laut Kennern handelt es sich beim Come Prima um eines der besten italienischen Lokale Stuttgarts. Doch werfen Sie selbst einen Blick in die Karte: Feine Meerestiere und trockene Weißweine verhelfen Ihnen zu wahren Gaumenfreuden. Der Chef des Hauses, Maurizio Olivieri, ist daran gewöhnt, prominente Gäste zu bewirten. Doch dabei geht es keineswegs steif zu und das italienische »dolce vita« genießen nicht nur VIPs und »Szenegänger«: Ein bunt gemischtes Publikum aller Altersgruppen fühlt sich hier gerne einen Abend lang wie in Italien.

Steinstr. 3, 70173 Stuttgart, Tel. 24 34 22. Mo-Sa 12-14.30 u. 18-23 Uhr.

PIANO MO

Kleine, feine italienische Gerichte, Pianomusik und eine bestens bestückte Bar erwarten Sie nebst einem arrivierten Publikum. Piano-Mo- und Come-Prima-Wirt Maurizio Olivieri setzt sich selbst ans Klavier und lässt neben den Saiten auch seine volle Stimme erklingen. Seine musikalische Einlage ist bei den jüngeren wie bei den älteren Barbesuchern gleichermaßen beliebt. In der ungezwungenen, lockeren Atmosphäre kommen auch ältere Singles – vor allem am Tresen – gut ins Gespräch. Allerdings sollten sie an diesem Abend nicht jede Mark umdrehen.

Eberhardstr. 65, 70173 Stuttgart, Tel. 236 84 85. Mo-Sa 21-3 Uhr.

Interessenbörse

»Einsam daheim, das muss nicht sein!« Menschen ab 50 Jahren in Stuttgart kommen an der Einrichtung »Treffpunkt Senior« nicht vorbei, in die auch eine Interessenbörse integriert ist. Allen, die sich einen Freizeitpartner wünschen, Wissen und Kenntnisse aus Beruf oder Hobby weitergeben möchten oder Informationen über ein spezielles Wissensgebiet benötigen, wird hier weitergeholfen. Das gilt natürlich auch, wenn ein Partner für die nächste Urlaubsreise gesucht wird. Auch Menschen, die körperlich beeinträchtigt sind und während des Urlaubs Hilfe bei alltäglichen Verrichtungen benötigen, können sich hier eine Begleitperson vermitteln lassen, die ihnen während der gesamten Reise unterstützend zur Seite steht. Die Treffpunkt-Mitarbeiter vermitteln die kostenlos Kontakte mit Hilfe einer Computer-Datei. Wer möchte, kann in diese Adressenkartei aufgenommen werden und bekommt dann auf Anfrage – je nach Interessensgebiet – entsprechende Namen und Telefonnummern von potentiellen Hobby- und Reisepartnern. Wem diese Art der Kontaktvermittlung nicht zusagt, der hat beim so genannten »Kontakt-Nachmittag« (jeden ersten Mittwoch im Monat von 15-19 Uhr) die Gelegenheit, bei einem zwanglosen Treffen aufgeschlossene Menschen, die ihren Bekanntenkreis erweitern möchten, kennen zu lernen.

Interessenbörse Stuttgart im Treffpunkt Senior, Rotebühlplatz 28, 70173 Stuttgart, Tel. 62 78 08. Mi u. Fr 17-19, Sa 15-17 Uhr.

Partner gesucht!

Seit zwölf Jahren schickt die Adios-Reisepartner-Vermittlung Gleichgesinnte gemeinsam auf die Reise. Per Fragebogen ermitteln die Mitarbeiter passende Reisepartner aus der mit etwa 500 Adressen reich bestückten Kartei. Sie treffen sich vorab mit den potentiellen Reisebegleitern und wählen Ihren Wunschpartner aus. Schönen Urlaub!

Adios-Reisepartner-Vermittlung, Tel. 0180-543 07 30. Gebühren: DM 70 (einmalig), DM 150 (Jahrespauschale für beliebig viele Vermittlungen).

»Botnang über 60«

heißt eine Rubrik im Gemeindebrief der evangelischen Kirchengemeinde Botnang. Hier erfahren Gemeindemitglieder nicht nur Neuigkeiten und Termine, sondern haben auch Gelegenheit, private Kleinanzeigen zu veröffentlichen. Beispielsweise, wenn es darum geht, Freizeitpartner zu finden, die das gleiche Hobby teilen oder Lust auf gemeinsame Unternehmungen haben, die sich keineswegs nur im kirchlichen Rahmen abspielen müssen. Der kostenlose Service steht allen Stuttgartern offen, egal ob und welcher Konfession sie angehören. Wer Gleichgesinnte für Hobby und Freizeit sucht, formuliert einen kurzen Text mit seinen Wünschen und schickt ihn an die Redaktion des Gemeindebriefs.

Evangelisches Gemeindezentrum Botnang, Gemeindebrief, Fleckenwaldweg 3, 70195 Stuttgart, Tel. 69 26 76.

Tagesausflüge oder Kurzreisen sind genau das Richtige, wenn Sie plötzlich das Bedürfnis nach Abwechslung vom Alltag haben. Bevor Ihnen »die Decke auf den Kopf fällt«, sollten Sie sich von den Tipps und Angeboten auf den folgenden Seiten anregen lassen.

Wie wäre es z.B. mit einer kleinen Spritztour in die nähere oder weitere Umgebung, bei der Sie sich um (fast) nichts kümmern müssen? Unter der Überschrift »Einfach mitfahren« finden Sie Veranstalter, die ein breites Spektrum an Ausflügen und Kurzreisen im Programm haben. Egal, ob Sie es eher bequem lieben und eine Fahrt mit ausgearbeitetem Tagesprogramm im komfortablen Reisebus bevorzugen, ob Sie lieber auf Schusters Rappen unterwegs sind und mit Gleichgesinnten zu einer Wanderung aufbrechen oder ob Sie sich für ein paar Stunden einem Stadtrundgang anschließen möchten – für alle Ausflugswünsche gibt es den passenden Veranstalter. Auch an Unternehmungslustige, die nicht mehr so gut zu Fuß sind, ist gedacht: Einige Veranstalter holen ihre Kunden direkt zu Hause ab und fahren Sie wieder bis vor die Tür.

Sind Sie lieber auf eigene Faust unterwegs? Dann heißt es, Fahrrad aus dem Keller holen bzw. Wanderschuhe anziehen, um auf den vorgeschlagenen Routen die Region zu erkunden. Neben der ausführlichen Streckenbeschreibung und der Anfahrt zum Ausgangspunkt (nach Möglichkeit mit öffentlichen Verkehrsmitteln) sind bei jeder Tour auch Einkehrmöglichkeiten und Besichtigungstipps angegeben.

ÜBER STUTTGARTS STÄFFELE

Niemand weiß genau, wieviel Stäffele tatsächlich aus Stuttgart hinaus- und auf die Hänge hinaufführen. Nach einem »Stäffeles-Rundgang« wissen Sie aber eine ganze Menge über die Geschichte dieser Treppen und kennen viele Anekdoten, die sich darum ranken. »Erwandertes Stadterlebnis« heißt diese Veranstaltungsreihe, die das »Stuttgarter Wochenblatt« neben einer Reihe weiterer Ausflüge und Reisen anbietet. Das umfangreiche Programm der Kulturfahrten umfasst Stadtrundgänge ebenso wie Fernreisen.

Stuttgarter Wochenblatt, Kulturfahrten GmbH, Geißstr. 4, 70173 Stuttgart, Tel. 210 40 40. Stäffeles-Rundgang DM 62.

NECKAR-FAHRT

Wann sind Sie das letzte Mal auf dem Neckar geschippert? Wenn die letzte Fahrt mit »Berta-Epple« schon einige Zeit zurückliegt, wissen Sie vielleicht nicht, dass eine Neckarfahrt nicht nur auf das reine Naturerlebnis beschränkt bleiben muss, sondern weitere Attraktionen bietet. Ob Sie z.B. auf Entdeckungsfahrt mit der Umweltakademie gehen oder einer Krimilesung an Bord lauschen, bleibt Ihnen überlassen. Vielleicht bevorzugen Sie auch die dreistündige »Seniorenfahrt«, zu der ein Schiff immer dienstags um 15 Uhr ablegt.

Neckar Käpt'n, Berta Epple GmbH & Co KG, Schiffsanlegestelle Wilhelma, 70376 Stuttgart, Tel. 54 99 70 60. Seniorenfahrt DM 24 inkl. Vesper oder Kaffee u. Kuchen.

MONTAGSBUMMEL

Immer am letzten Montag im Monat (außer im Dezember) gehen die Montagsbummler für etwa einen halben Tag auf Achse. Erich Brodbeck, Erfinder und Herzstück der fröhlichen Tour, organisiert kurze Busfahrten in die nähere Umgebung: Mal geht's zur Achalm bei Reutlingen, mal nach Lauffen am Neckar, nach Bruchsal oder nach Bad Wurzach. Die Teilnehmer unternehmen Spaziergänge in der grünen Natur oder erfreuen sich an romantischen Altstädten. Man isst gemeinsam, beweist bei Erich Brodbecks kniffligen Quizspielen zum Zielort, dass man Augen und Ohren offen gehalten hat, und schwingt später in vergnügter Runde das Tanzbein. Einmal im Jahr veranstaltet Erich Brodbeck auch einen Tagesausflug.

Montagsbummler, Kontakt: Erich Brodbeck, Tel. 780 43 30. Mindestens 3 Tage vorher anmelden. Unkostenbeitrag: DM 50-60.

GUT BETREUT

»Reisen gegen die Vereinsamung« ist das Motto der Caritas-Touren. Ältere, auch Hochbetagte, fühlen sich bei den mehrtägigen Bus- und Erholungsreisen in Deutschland gut aufgehoben. Egal, welches Ziel Sie sich ausgesucht haben, die Reise beginnt bereits an Ihrer Haustür. Mit dem Taxi geht es zum Bus, für Ihr Gepäck wird ebenfalls gesorgt. Falls Sie nicht mehr so gut zu Fuß sind, werden Sie von ehrenamtlichen Helfern bei Spaziergängen und Stadtbummeln begleitet. Am Zielort erwartet Sie ein komfortables Einzelzimmer mit Bad in einem renommierten Hotel. Kurkonzerte, Stadtführungen oder Modenschauen sorgen vor Ort dafür, dass Ihnen nicht langweilig wird. Wer das nötige Kleingeld nicht aufbringen kann, dem hilft die Caritas mit einem Zuschuss. Der umfangreiche Reisekatalog erscheint zu Anfang eines Jahres.

Caritas-Verband, Seniorenerholung, Wagnerstr. 35, 70182 Stuttgart, Tel. 210 69 23, Kontakt: Frau Viebig-Sax. 14 Tage Allgäu: Fahrt, VP, Betreuung ab DM 1.200 p.P.

REISEN ZUR KUNST

Wollen Sie mit einer netten Gruppe verreisen, gute Gespräche führen und neue, interessante Leute kennenlernen? Dann nehmen Sie sich einmal das Reiseprogramm der Volkshochschule vor. Der Schwerpunkt liegt auf Fahrten und Reisen mit kulturellen Inhalten: Sie besuchen Ziele wie die Kunsthalle Tübingen, wandeln auf Goethes Spuren in Frankfurt oder bereisen Weimar und München. Kompetente VHS-Mitarbeiter erläutern nicht nur die Sehenswürdigkeiten vor Ort, sondern bereiten die Teilnehmer in den Vorbreitungsveranstaltungen schon zu Hause auf den Kunst- und Kulturgenuss vor. Diese Veranstaltungen sind auch eine gute Gelegenheit, die übrigen Reiseteilnehmer vorab kennen zu lernen.

VHS Stuttgart, Fritz-Elsas-Str. 46-48, 70176 Stuttgart, Tel. 87 37 77, Kontakt: Elke Leinhos. Kunsthalle Tübingen: DM 65 inkl. Busfahrt u. Eintritt.

Urlaub mit & ohne Koffer

Kurze und längere Reisen im In- und Ausland hat auch die Arbeiterwohlfahrt im Programm. Die Ziele einwöchiger Fahrten liegen z.B. in Nord- und Süddeutschland und Österreich. Sport- und Naturfreunde finden Erholung beim Wandern, im Winter auch in der Langlaufloipe. Wen es eher in den sonnigen Süden zieht, der kann mit der AWO Mallorca, Andalusien, Sizilien oder Portugal ansteuern. Aktive Menschen ab Ende 50 fühlen sich bei den begleiteten Gruppenreisen sehr wohl. Umso mehr, da ein von Ehrenamtlichen getragenes Gesundheits- und Unterhaltungsprogramm für eine runde Sache sorgt. Für Senioren, denen eine Urlaubsreise zu anstrengend ist und die abends im eigenen Bett einschlafen möchten, bietet die AWO jährlich den »Urlaub ohne Kofferpacken« an. Eine prima Alternative zu einer Urlaubsreise, bei der weder Erholung und Entspannung noch die Anregung von Körper und Geist zu kurz kommen. Und das Schönste dabei: Sie müssen sich um nichts kümmern. Jeden Morgen werden Sie zu Hause abgeholt, um den Tag in einem der AWO-Waldheime am Stadtrand und in der Gesellschaft netter Menschen zu verbringen. Gemeinsam nehmen Sie vier Mahlzeiten ein und werden nach Ihren individuellen Bedürfnissen betreut.

Arbeiterwohlfahrt, Olgastr. 63, 70182 Stuttgart, Tel. 210 61-48. Mo-Fr 9-12.30, 13.30-16 Uhr. Urlaub ohne Kofferpacken (10 Tage): DM 395 inkl. VP, Hol- u. Bringdienst.

Ausflug in die Natur

Ob Studienfahrten, Radwanderungen, Wandertouren, kunstgeschichtliche, natur- oder pflanzenkundliche Touren – der Schwäbische Heimatbund schnürt Ihnen ein dickes Paket voll interessanter Reisemöglichkeiten in Baden-Württemberg, Süddeutschland, Vorderösterreich und Südtirol. Rund 65 Reisen und Ausflüge pro Jahr machen die Teilnehmer mit Kultur, Natur und Umweltschutz vertraut. Sie lernen seltene Pflanzen und geologische Besonderheiten sowie architektonische Schätze der nahen und weiteren Umgebung kennen und spüren der Geschichte des Landes nach. Die Bildungstouren sind stets wissenschaftlich begleitet.

Schwäbischer Heimatbund, Weberstr. 2, 70182 Stuttgart, Tel. 23 94 20. »Das österreichische Schwaben«: 3 Tage inkl. Fahrt, HP, Führung, Eintritt DM 535 p.P.

Kur & Erholung

Kuren, Erholungs- und Bäderreisen veranstaltet der Landesverband des Deutschen Roten Kreuzes. Angesprochen sind alle, die ihrer Gesundheit etwas Gutes tun wollen und Lust auf einen Tapetenwechsel haben. Ob auf einer Kurzreise oder bei einem Kuraufenthalt – Sie werden rundum verwöhnt!

DRK Landesverband, Postfach 500869, 70338 Stuttgart (Bad Cannstatt), Tel. 550 51 50, Kontakt: Iris Klemmt. 3-wöchige Kur in Bad Dürrheim inkl. VP u. Begleitung DM 2.660.

STUDIENFAHRTEN

Bei der Lektüre des Reiseprogramms, das das Katholische Bildungswerk speziell für »Menschen in der dritten Lebensphase« zusammenstellt, sollten Sie aufpassen, damit Sie nicht unweigerlich das Fernweh packt. Hat es Sie doch erwischt und die Zeit reicht nicht für eine längere Reise z.B. nach Zypern oder für eine Fastenwoche im Benediktinerkloster, schafft eine Tagesreise Abhilfe. Beispielsweise eine Wanderung »Auf Hermann Hesses Spuren«, eine Fahrt zur Alten Pinakothek nach München oder an den Bodensee, wo Sie ein besonderes »Klangerlebnis« verzaubert.

Katholisches Bildungswerk Stuttgart, Bolzstr. 6, 70173 Stuttgart, Tel. 223 89 65. Tagesfahrten ab DM 85.

TAGESFAHRTEN

Unter der Leitung des Diakons Karl Stroh der Paul-Gerhardt-Gemeinde in Stuttgart organisiert die »Begegnungsstätte für ältere Menschen« einmal im Monat eine Halb-oder Ganztagesfahrt in die nähere Umgebung (Umkreis bis zu 60 km): Die Reise geht z.B. in den Schwarzwald zu einer »Veschbereinkehr« in einer Schinkenräucherei oder in ein Bekleidungswerk nach Neckartenzlingen, wo nach einer abwechslungsreichen Modenschau auch das eine oder andere Schnäppchen lockt – »halt echt schwäbisch«.

Evang. Paul-Gerhardt-Gemeinde, Begegnungsstätte, Scheffelstr. 35, 70193 Stuttgart, Tel. 636 86 89, Kontakt: Karl Stroh. Fahrten inkl. Verpflegung ca. DM 18-45.

SCHLOSSSPAZIERGANG

Wanderung – Streckenlänge: 11 km – Anfahrt: Haltestelle Asperg S 5 – Rückfahrt: Haltestelle Ludwigsburg S 4, S 5

Für einige ist der Hohenasperg der »höchste« Berg Deutschlands. Denn wer dort hinaufgeht, braucht manchmal Jahre, bis er wieder herunterkommt. Der Grund: Die 1535 von Herzog Ulrich erbaute Festung ist heute ein Gefängniskrankenhaus.

Sie beginnen ihre zweistündige Wanderung durch den Favoritepark nach Ludwigsburg vom Bahnhof aus. Von der S-Bahn-Haltestelle Asperg führt der Weg hinauf auf die Brücke über die Bahngleise. Direkt danach geht es links hinunter zu einem Freibad und dann immer geradeaus. Nach der Autobahnunterführung können Sie erstmals einkehren, denn rechts lockt die Gartenwirtschaft des »MSC Asperg«. Geradeaus geht es weiter bis zu einer Ampel. Sie überqueren eine Hauptstraße und kommen durch ein Steintor. Direkt am See biegen Sie links ab und können den Golfern des Golfklubs »Schloß Monrepos« beim Einlochen zuschauen. Mitten auf dem Golfgelände halten Sie sich rechts. Durch die Bäume sehen Sie bald schon das Seeschlösschen Monrepos hindurchschimmern. Auf dem idyllischen See können Sie sommers Tretboot fahren.

Am Verleihhäuschen gehen Sie links hinauf und hinter dem großen Haus durch das Haupttor, am Parkplatz rechts vorbei durch die Unterführung die Seeschloßallee hinauf. Oben stoßen Sie auf den Eingang des Favoriteparks. Dieser wurde 1707 unter Herzog Eberhard Ludwig von Württemberg als Fasanerie angelegt. Zum Wildpark wurde das 72 Hektar große Naturschutzgebiet erst später. Vom Weg aus, den Sie zum Schutz der Tiere nicht verlassen dürfen, können Sie mit etwas Glück Hirschen und Rehen beim Äsen zusehen. Imposant ist auch das Lustschloss Favorite, das alsbald rötlich in der Sonne leuchtet.

Der Weg führt weiter hinunter zum Ludwigsburger Residenzschloss. Wenn Sie sich das Schloss mit seinem Garten, der im Sommer Teil der Gartenschau »Blühendes Barock« ist, ansehen wollen, sollten Sie sich bereits am Parkausgang Eintrittskarten kaufen. Dann können Sie gleich nach der Fußgängerbrücke den Seiteneingang nehmen. Sonst müssen Sie erst rechts um die Schlossanlage herum zum Hauptportal gehen, wo Sie auch ein kleines Café erwartet. Vom Haupteingang ist der Weg zum S-Bahnhof ausgeschildert, der mitten durch die Fußgängerzone der Barockstadt führt.

- *Gartenwirtschaft MSC Asperg, Im Altbach 4, 71679 Ludwigsburg. Tel. 07141-332 13. Di-Fr 11-22, Sa/So 10-22 Uhr.*
- *Favoritepark, April-Aug 8-19, Sept/Okt 9-18, Nov-Jan 9-16, Feb-März 9-17 Uhr.*
- *Schloss Favorite, Favoritepark 1, 71634 Ludwigsburg, Tel. 07141-18 64 40. Führungen Mitte März-Okt tägl. 9-12 u. 13.30-17 Uhr. Sonst Di-So 10-12 u. 13.30-16 Uhr.*
- *Residenzschloß Ludwigsburg, 71634 Ludwigsburg, Tel. 07141-18 64 40. Mitte März-31. Okt tägl. 9-12 u. 13-17 Uhr. Sonst tägl. 10-12 u. 13-16 Uhr.*
- *Blühendes Barock, Mömpelgardstr. 28, 71640 Ludwigsburg, Tel. 07141-97 56 50. 19. März-7. Nov 7.30-20.30 Uhr.*

VON ESSLINGEN ZUM ROTENBERG

Wanderung – Streckenlänge: 14 km – Anfahrt: Bf. Esslingen S 1 – Rückfahrt: Bf. Obertürkheim S 1

Das mittelalterliche Esslingen allein ist schon einen Ausflug wert. Nehmen Sie sich für den gemütlichen Stadtrundgang etwas Zeit. Im Schatten der Weinberge werden Sie von alten Fachwerkhäuschen überrascht. Sehenswert sind vor allem das Alte Rathaus, 1420 als Kauf- und Steuerhaus erbaut, und die Stadtkirche St. Dionys mit dem Kryptenmuseum im Untergeschoss. Bei einer Besichtigung lernen Sie die älteste, in ihren Grundmauern erhaltene Kirche der Region kennen. Bevor Sie sich auf den Weg zur Katharinenlinde machen, von wo aus Sie bei klarer Sicht einen überwältigenden Blick auf die Schwäbische Alb haben, können Sie sich in einem der zahllosen Cafés oder Restaurants stärken.

Vom Alten Rathaus gehen Sie nach links schräg über den Marktplatz zum Münster St. Paul. Gleich hinter der Kirche führt eine Treppe hinauf auf die Brücke über die Ringstraße. Dort erwartet Sie die Liebfrauenkirche, auf deren Höhe sie links in den Neckarhaldenweg abbiegen. Auf diesem gelangen sie durch einen Torbogen in die Weinberge. Der Höhenweg mündet in die Rüdener Straße, der Sie nach links auf die Höhe folgen. An der Wegkreuzung geht es halb rechts in den Esslinger Stadtteil Rüdern hinein. Sie wandern durch die Sulzgrieser Straße nach links. Dort, wo die Straße endet, haben Sie einen schönen Blick auf Ihr heutiges Ziel, den Rotenberg mit der Grabkapelle. Gehen Sie rechts weiter, über den Asphaltweg auf den Höhenrücken zur Katharinenlinde. Nachdem Sie einen Blick auf die Weinberglandschaft vom dortigen Aussichtsturm geworfen haben, lockt die Höhengaststätte zur Einkehr. Von der Katharinenlinde aus folgen Sie dem Wegweiser zum Rotenberg in den Wald hinein. Nach zehn Minuten treffen Sie auf die Waldschenke »Sieben Linden«, wo Sie draußen bei einem Viertele Fellbacher oder Uhlberger die herrliche Sonne genießen können. Doch Vorsicht vor zu viel Rebensaft: Ab jetzt wandern Sie kaum noch im Schatten. Folgen Sie den Wegweisern, um nach etwa einer Stunde die Grabkapelle zu erreichen. Der württembergische König Wilhelm I. ließ diesen kleinen Tempel für seine verstorbene »vollendete, ewig geliebte Gemahlin, Katharina Paulowna, Großfürstin von Rußland« von 1820 bis 1824 errichten. 1864 folgte der König seiner Gemahlin dort hinauf, 1878 die Tochter. Um wieder zur S-Bahn zu kommen, gehen Sie den Weg in der Verlängerung der Württembergstraße die Weinberge hinunter zum Bahnhof Obertürkheim.

- *Stadtkirche St. Dionys u. Kryptenmuseum, Augustinerstr. 10/1, 73728 Esslingen, Tel. 35 38 24.*
- *Höhengaststätte, Katharinenlinde 1, 73733 Esslingen, Tel. 37 15 14. Di-So 11- ca. 22 Uhr.*
- *Waldschenke Sieben Linden, Finsterklinge 1, 70327 Stuttgart, Tel. 37 36 16. Sa-Mi 11-21 Uhr.*
- *Grabkapelle Rotenberg, Württembergstr. 340, 70327 Stuttgart, Tel. 33 71 49. Mi 10-12, Fr-So 10-12 u. 13-17 o. 18 Uhr.*

WALDWANDERUNG VON SCHLOSS ZU SCHLOSS

Wanderung – Streckenlänge: 10 km – An- u. Rückfahrt: Mit dem PKW über Schattenring u. Magstadter Str. Parken auf dem Parkplatz »Schattengrund«. Bus Linie 93 bis Haltestelle »Schattengrund«

Schon der Name des Ausgangspunktes signalisiert, wo es lang geht: nämlich schnurstracks durch den schattigen Wald. Gerade im Hochsommer, wenn die Luft im Stuttgarter Talkessel steht, fliehen am Wochenende viele auf die bewaldeten Höhen südlich der Stadt. Dann ist auch der Parkplatz »Schattengrund« früh belegt. Kommen Sie mit dem Bus oder – noch besser – machen Sie sich wochentags auf den Weg vom Bärenschlößle zum Schloss Solitude.
Eine Tafel informiert Sie zu Beginn des Waldwegs über den Rot- und Schwarzwildpark, durch den die Wanderung größtenteils führt. Gehen Sie hinauf zum Neuen See, der 1833 angelegt wurde und heute Teile von Stuttgart mit Trinkwasser versorgt. Am idyllischen Ufer biegen Sie links ab und folgen dem Weg bis zu den hölzernen Stufen, die zum Bärenschlößle hinaufführen.
Das Schlössle ist eines der vielen Wahrzeichen Stuttgarts und wurde 1817 von König Wilhelm von Württemberg erbaut. Und zwar an der Stelle, wo Herzog Carl Eugen 1767 seinen Jagdpavillon errichtet hatte. Heute versorgt Sie dort eine Cafeteria mit allerlei schwäbischen Gerichten zu zivilen Preisen. Frisch gestärkt machen Sie sich nun auf die etwa einstündige Wanderung zum Schloss Solitude. Nehmen Sie den Weg, der direkt an der orangefarbenen Notrufsäule vorbei fast nur geradeaus führt. Vor allem im Sommer ist die Kühle des dichten Waldes wohltuend. Sollten Sie Würstchen dabei haben, machen Sie an einer der vielen Grillstellen Pause.
Nach etwa 45 Gehminuten mündet der Wald auf einen Parkplatz. Gehen Sie über die Autobrücke und dann auf dem Gehweg entlang der viel befahrenen Straße geradeaus. Aber keine Sorge: Bis zur Kreuzung, an der Sie links zum Schloss Solitude abbiegen, sind es keine 500 Meter. Übrigens war es wieder Herzog Carl Eugen, der die Solitude 1763 nebst vielen Nebengebäuden aus dem kargen Boden stampfen ließ.
Für den Rückweg folgen Sie dem Wegweiser mit einem roten Balken auf weißem Grund. Sie betreten wieder den Wald und gehen über die Fußgängerbrücke, die eine Straße überquert. Die erste Abzweigung mit dem Schild »Bärenschlößle« lassen Sie links liegen, bis Sie zu einer Kreuzung namens »Großer Stern« kommen. An der Blockhütte gehen Sie links vorbei. Der Weg führt die meiste Zeit geradeaus, bis er eine deutliche Linkskurve macht. Kurz dahinter stoßen Sie auf den Wildwiesenweg. Von diesem geht es links zum Bärenschlößle, wo Sie einkehren können, bevor Sie die bereits bekannte Strecke zum Ausgangspunkt zurückgehen.

- *Gaststätte Bärenschlößle, Im Rotwildpark, Gewann 14, 70197 Stuttgart. Tel. 69 25 50. Tägl. 10-22 Uhr.*
- *Schloss Solitude, Solitude 1, 70197 Stuttgart, Tel. 69 66 99. April-Okt Di-So 9-12 u. 13.30-17 Uhr. Nov-März Di-So 10-12 u. 13.30-16 Uhr.*

RUNDWANDERUNG IM SIEBENMÜHLENTAL

Wanderung – Streckenlänge: 13 km – An- u. Rückfahrt: Mit dem PKW bis Parkplatz bei der Seebrückenmühle. Bus Linie 827 u. 828 ab Bf. Echterdingen bis Haltestelle Musberg-Seebrückenmühle – Nicht vergessen: feste Schuhe

Dunkle Wälder und ein rauschender Bach: Im Siebenmühlental wartet eine romantische Idylle auf Sie. Gerade für Naturliebhaber ist die Rundwanderung im Schönbuch, wie das Waldstück im Süden Stuttgarts heißt, ein Genuss.
Start der Wanderung ist an der Seebrückenmühle. Gehen Sie auf dem asphaltierten Weg immer talabwärts in Richtung Burkhardtsmühle. Schon bald merken Sie, woher das Siebenmühlental seinen Namen hat: Nach ein paar Minuten kommen Sie an der Schlechtsmühle vorbei. Es geht weiter geradeaus, bis zur Schlößlesmühle, wo Sie im schattigen Biergarten zum Mittagessen einkehren können. An der Mühle biegen Sie rechts ab und überqueren den Bach. Auf der Alten Poststraße gehen Sie immer geradeaus, steil den Berg hinauf. Wenn Sie oben aus dem Wald herauskommen, biegen Sie links ab in Richtung Hasenhof. Wandern Sie immer am Waldrand entlang in den Ort hinein, bis Sie zu einer Wiese kommen. Dort geht es links die Straße hinunter zum Gasthaus »Hasenhof«, in dem Sie unbedingt einkehren sollten: Das mehr als 100 Jahre alte Fachwerkhäuschen sieht nicht nur von außen aus, als ob es auf den Abtransport ins Freilichtmuseum wartet. In der dunklen Wirtsstube, in der die Zeit stehen geblieben scheint, kümmern sich Käthe und Gerhard Ruckh um Sie. Die freundlichen alten Leute servieren Ihnen ein zünftiges schwäbisches Vesper: Hausgemachte Schinken- und Leberwurst oder eine dicke Scheibe Schwartenmagen. Auch mit den Stammgästen aus dem Ort kommen Sie schnell in Kontakt.
Vor dem Gasthaus geht es nun links die Straße hinunter und geradewegs auf den Waldrand zu. Auch wenn das Gras hoch ist: Sie müssen am Brunnen vorbei über die Wiese stapfen. Im Wald geht es weiter geradeaus auf einem geschotterten Wanderweg. Seien Sie vorsichtig, wenn es kurz zuvor geregnet hat: Der Weg ist dann rutschig und glatt! Sobald Sie auf den asphaltieren Wanderweg treffen, biegen Sie links ab und passieren die Kochenmühle, wo Sie ebenfalls einkehren können. Nach etwa 45 Minuten überqueren Sie die Alte Poststraße. Plagt Sie der Durst, gehen Sie rechts hinunter zum Biergarten der Schlößlesmühle, ansonsten wandern Sie gleich weiter geradeaus. Nach weiteren 45 Minuten treffen Sie auf einen Wegweiser, der Sie hinunter zur Seebrückenmühle mit einer kleinen Kunstgalerie führt. Nach ein paar Metern gelangen Sie wieder an den Ausgangspunkt.

- *Schlößlesmühle, Siebenmühlental, 71144 Stuttgart-Steinenbrunn. Tel. 79 27 12. Di-Fr 12-21, Sa/So 11-21 Uhr.*
- *Hasenhof, Lindenstr. 29, 71111 Waldenbuch, Tel. 07157-722 92. Mo-Sa 11-20, So 11-14 Uhr.*
- *Mühlenstüble, Kochenmühle 1, 70771 Leinfelden-Echterdingen. Tel. 07157-47 64. Mo-Mi, Fr 15-1, Sa/So 10-1 Uhr.*

DURCH DIE GRÜNEN PARKS DER STADT

Radtour – Streckenlänge: 21 km – Anfahrt: S- u. U-Bahn Stadtmitte – Rückfahrt: Hbf. Stuttgart – Nicht vergessen: Badesachen

Am S-Bahnhof Stadtmitte nehmen Sie die Rolltreppen hinauf zur Calwer-Passage. Dort stoßen Sie auf das Café Kir Royal, wo Sie sich vor der Tour bei einer Tasse Cappuccino stärken und der Stuttgarter Schickeria beim Flanieren zusehen können. Anschließend heißt es noch ein bisschen schieben: zunächst durch die noble Einkaufspassage bis zur Calwer Straße und von dort links in die Fußgängerzone. An der übernächsten Kreuzung geht es rechts die Gymnasiumstraße entlang. Die Königstraße gehen Sie links hinunter, bis Sie auf den Schloßplatz kommen.

Nun können Sie beruhigt auf Ihr Fahrrad steigen. Wenn Sie vor dem Schloss stehen, fahren Sie nach links, zum Anlagensee. Es geht vorbei an der Stuttgarter Oper, immer geradeaus durch den Oberen Schloßgarten. Sie fahren über den Steg, der die Schillerstraße überbrückt, durch den Mittleren Schloßgarten bis zur Grünen Brücke, auf der Sie die Cannstatter Straße überqueren. Nun befinden Sie sich im Unteren Schloßgarten, den Sie bis zum Mineralbad Leuze entlangfahren. Wenn Sie genügend Zeit und die Badesachen dabeihaben, lohnt sich ein Sprung ins kühle Nass. Nach dem Bad folgen Sie dem Radwegschild »Remseck« und überqueren die König-Karls-Brücke.

Direkt dahinter rollen Sie zum »Wasen« hinunter, wo allherbstlich das Cannstatter Volksfest tobt. Sie unterqueren die Brücke und radeln immer am Neckar entlang. Hinter den Sportplätzen geht es nach rechts zur Hofener Straße. Nun fahren Sie eine Weile zwischen Weinbergen und Neckar entlang. Es geht vorbei am Max-Eyth-See bis zur Hofener Brücke. Am anderen Neckarufer strampeln Sie immer am Fluss entlang zurück nach Cannstatt, wo sich nun die Gelegenheit für einen Zoo- oder naturkundlichen Museumsbesuch bietet. Nach der Wilhelma geht es rechts zum Rosensteinpark hoch. Am Rosensteinmuseum fahren Sie wieder rechts hinauf bis zum Museum am Löwentor. Von dort radeln Sie zurück zum Schloss Rosenstein und rechts weiter bis zu den Seen vor dem Mineralbad Leuze. Von nun an kennen Sie den Weg zurück zum Hauptbahnhof. Kurz vor der S-Bahn kommen Sie im Mittleren Schloßgarten auf der rechten Seeseite zum Café am See. Dort können Sie bei einem kühlen Radler die Radtour ausklingen lassen.

- *Café Kir Royal, Calwer Str. 56 (Calwer-Passage), 70173 Stuttgart, Tel. 29 59 00. Mo-Fr 8.30-24, Sa/So 8.30-1 Uhr.*
- *Mineralbad Leuze, Am Leuzebad 2-6, 70190 Stuttgart, Tel. 216 42 10. Tägl. 6-21 Uhr.*
- *Wilhelma, Neckartalstr., 70342 Stuttgart, Tel. 540 20. Mai-Aug 8.15-18, April/Sept 8.15-17.30, März/Okt 8.15-17, Nov-Feb 8.15-16 Uhr.*
- *Rosensteinmuseum u. Museum am Löwentor, Rosenstein 1, 70191 Stuttgart, Tel. 893 60. Di-Fr 9-17, Sa/So 10-18 Uhr.*
- *Café am See, Mittlerer Schloßgarten, 70173 Stuttgart, Tel. 226 58 33. Tägl. 13-20 Uhr.*

RADTOUR ZU STAUFERN & BENEDIKTINERN

Radtour – Streckenlänge: 54 km – Anfahrt: Bf. Plochingen S1 – Rückfahrt: Bf. Schorndorf S 2

Ausgangspunkt der gemütlichen und landschaftlich reizvollen Tour ist das Städtchen Plochingen, wo die Fils in den Neckar mündet. Wenn Sie aus dem Bahnhof herauskommen, halten Sie sich rechts und fahren zum »Hundertwasserhaus«, das der österreichische Künstler vor einigen Jahren gestaltet hat. Auf der anderen Neckarseite sehen Sie das Gelände der Landesgartenschau, die hier im Sommer 1998 Hunderttausende angelockt hat. Ein Abstecher in die Talauen des Parks lohnt sich auch heute.
Geradeaus geht es weiter unter der Eisenbahnbrücke hindurch auf die alte B 10. Folgen Sie dem Radwegweiser nach Reichenbach, das sie direkt durchfahren. Kurz bevor Sie über die Bahngleise kommen, radeln Sie nach links in Richtung »Grünabfall-Sammelstelle« an der Brücke vorbei. Nun kommen Sie auf die »Filstalroute Nord«, der Sie bis Göppingen folgen. In der Kreisstadt fahren Sie geradeaus bis zum Wegweiser nach Rechberghausen. Das Schild taucht kurz hinter einer Brücke an einer Straßengabelung auf. Nun fahren Sie auf dem Stauferlandweg, entlang der ehemaligen Bahntrasse von Göppingen nach Schwäbisch Gmünd, bis zum alten Bahnhof von Wäschenbeuren. Der Weg dorthin geht immer leicht bergauf. Gleich hinter dem Bahnhof folgen Sie dem Wegweiser zum »Wäscherschloß«. Wenn Sie sich für Geschichte interessieren, sollten Sie sich das Schloss unbedingt ansehen. Es liegt ungefähr zwei Kilometer von Wäschenbeuren entfernt auf einem 436 Meter hohen Bergsporn über dem Beutental. Von hier aus hat man eine schöne Sicht auf die drei Kaiserberge Hohenstaufen, Rechberg und Stuifen sowie andere Berge der Schwäbischen Alb. Als eine der ältesten und besterhaltenen Anlagen aus der Stauferzeit ist das Schloss ein malerisches Beispiel für den Burgenbau dieser Epoche.
Nach dem Schloss geht es das enge Tal hinunter zur Rems, an der das Städtchen Lorch liegt. Es ist weithin bekannt für sein ehemaliges Benediktiner-Kloster. Hier können Sie die Kirche mit Kreuzgang und eine Ausstellung zur Geschichte der Staufer besuchen. Sobald Sie in Lorch auf die Hauptstraße treffen, biegen Sie nach links ins Zentrum. Nach einem Café radeln Sie durch eine Spielstraße immer geradeaus. Kurz darauf geht es rechts um die Kirche herum und direkt aus dem Ort hinaus nach Waldhausen. Dort fahren Sie hinter dem Landgasthaus Germania links und gleich nach der Remsbrücke wieder rechts. Durch die Reinhold-Maier-Straße kommen Sie auf die Ortsrandstraße, der Sie rechts zur B 29 folgen, bis Sie auf den Wegweiser nach Schorndorf stoßen. Folgen Sie diesem bis in den Ort, wo Sie am Bahnhof wieder in die S-Bahn steigen können.

- ▶ *Schloss Wäschenbeuren, 73116 Wäschenbeuren, Tel. 07172-62 32. April-Okt Di-Fr 10.30-12 u. 13.30-16, Sa/So 10.30-17 Uhr.*
- ▶ *Kloster Lorch, 73547 Lorch, Tel. 07172-92717-0. Tägl. 8-19 Uhr.*

Vom Geburtsort Schillers zu den Sternen

Radtour – Streckenlänge: 32 km – Anfahrt: Bf. Marbach S 4 – Rückfahrt: Hbf. Stuttgart – Nicht vergessen: Badesachen

In ganz Deutschland ist Marbach am Neckar als Geburtsort von Friedrich Schiller bekannt, der 1759 dort zur Welt kam. Vom Marbacher Bahnhof fahren Sie kurz die Bahnhofstraße entlang und biegen auf der Güntherstraße rechts ab, den Berg hinunter. Fahren Sie immer geradeaus, in die kleine Haffnerstraße hinein, wo Sie kurz darauf auf das Schiller-Nationalmuseum mit dem angegliederten Literaturarchiv stoßen.

Genießen Sie den Ausblick auf den Neckar, bevor Sie rechts in den Lenauweg einbiegen. Nun geht es immer geradeaus, zuerst durch die Kräberg- und dann durch die Wielandstraße, bis Sie in den Mühlweg kommen. Am Ende des Weges sehen Sie vor der großen Eisenbahnbrücke den Steg, auf dem Sie den Neckar überqueren. Von nun an radeln Sie immer am Fluss entlang, bis kurz hinter den Remsecker Ortsteil Neckargröningen, wo Sie die Flussseite über die geschlossene Brücke wechseln. Nun folgen Sie dem Flusslauf am östlichen Ufer nach Hofen, vorbei am Max-Eyth-See, bis Sie zum Stuttgarter Festplatz kommen, dem »Cannstatter Wasen«.

Gleich nach der König-Karls-Brücke stoßen Sie auf der anderen Neckarseite auf das Mineralbad Leuze, wo Sie sich unbedingt eine Pause gönnen sollten, um Ihre müden Glieder im warmen Mineralwasser zu entspannen.

Wieder frisch und erholt fahren Sie zur Stadtbahnhaltestelle und überqueren dort die Gleise. Danach halten Sie sich rechts und radeln an dem kleinen See entlang, der sich bereits im Unteren Schloßgarten befindet. Fahren Sie auf einem der vielen Wege einfach nur geradeaus, dann kommen Sie über die Grüne Brücke in den Mittleren Schloßgarten mit dem kleinen Anlagensee. Am rechten Seeufer lockt das hübsch gelegene Café am See, wo Sie Ihre Radtour gemütlich ausklingen lassen können.

Falls Sie noch ein Stückchen weiterfahren wollen, kommen Sie – so Sie sich rechts halten – am Stuttgarter Planetarium vorbei. Haben Sie Lust, einen Blick auf die – zugegeben künstlichen – Sterne zu riskieren? Es lohnt sich ganz bestimmt! Wieder am Tageslicht, müssen Sie sich entscheiden, ob Sie entweder gleich nach rechts zum Hauptbahnhof radeln oder, falls Sie noch Zeit und etwas Kraft in den strapazierten Beinen haben, zu einer kurzen Rundfahrt durch den Oberen Schloßgarten starten, um einen kurzen Blick auf Oper, Landtag und das Neue Schloss zu werfen.

- *Schiller-Nationalmuseum, Torgasse 13, 71672 Marbach, Tel. 07144-84 80. Tägl. 9-17 Uhr.*
- *Mineralbad Leuze, Am Leuzebad 2-6, 70190 Stuttgart, Tel. 216 42 10. Tägl. 6-21 Uhr.*
- *Café am See, Mittlerer Schloßgarten, 70173 Stuttgart, Tel. 226 58 33. Tägl. 13-20 Uhr.*
- *Planetarium, Mittlerer Schloßgarten, 70173 Stuttgart, Tel. 162 92 15. Vorführungen: Di-Fr 10 u. 15, Mi u. Fr auch 20, Sa/So 16 u. 18 Uhr.*

DURCH DIE TÄLER DES SCHÖNBUCH

Radtour – Streckenlänge: 37 km – An- u. Rückfahrt: Bf. Leinfelden S 2, S 3, U 5

Vom Leinfeldener Bahnhof gelangen Sie in wenigen Minuten links über die Bahnhofstraße und die Musberger Straße zum Musberger Friedhof, dem Ausgangspunkt der Tour. Gleich dahinter beginnt das romantische Siebenmühlental. Noch in den Zwanzigerjahren waren entlang des murmelnden Reichenbachs elf Mühlen in Betrieb. Heute zählt das idyllisch gelegene Tal zu den beliebtesten Ausflugszielen in der Region Stuttgart. Nutzen Sie also die Wochentage, damit Sie die wunderschöne Natur in Muße genießen können. Die Tour beginnt gemütlich, denn zunächst rollen Sie fast wie von selbst. Unmerklich geht es auf einem früheren Bahndamm immer leicht bergab. Sie kommen in einigem Abstand an der Mäulesmühle und der Seebrückenmühle vorbei, in die Sie zu einer kurzen Rast einkehren können. Dafür müssen Sie nach der Brücke über die alte B 27 einen kleinen Weg links hinunter in die Talaue nehmen. Geradeaus geht es weiter das Tal entlang. Bald darauf überqueren Sie die so genannte Alte Poststraße. Radeln Sie das asphaltierte Sträßchen links hinunter, kommen Sie zur bewirtschafteten Schlößlesmühle. Gerade bei schönem Wetter lockt der schattige Biergarten viele Ausflügler an.

Wieder auf dem Radweg, geht es weiter das Tal hinunter, vorbei an der ebenfalls bewirtschafteten Kochenmühle. Danach kommen Sie zuerst an der Oberen, dann an der Unteren Kleinmichelesmühle vorbei. Von hier aus ist es bis zur Burkhardtsmühle nicht mehr weit. Noch vor der Brücke fahren Sie rechts weg zur Straße, auf der Sie einige Meter nach links radeln. Gleich nach der Brücke geht es rechts zum Waldrand ab. Nun folgen Sie dem Wegweiser nach Neuenhaus. Dort biegen Sie an der Kirche rechts ab und folgen den Schildern ins Schaichtal. Am Parkplatz nach der Brücke biegen Sie rechts ab und fahren fast acht Kilometer an der Schaich entlang. Wie das Siebenmühlental zählt das Schaichtal mit seinem natürlichen Bachlauf zu den schönsten Schönbuchtälern. Genießen Sie die üppige Ufervegetation und die Seerosenteiche entlang des Wegs. Kurz vor Dettenhausen treffen Sie auf zwei Natursteinhäuschen, die wie Garagen aussehen. Dort biegen Sie rechts ab in Richtung Waldenbuch. Immer wieder steigt der Radweg an, bis Sie auf dem Betzenberg sind. Am Parkplatz weist das Radzeichen nach rechts. Gut zwei Kilometer nach dem Sendemast halten Sie sich zweimal hintereinander links und fahren wieder zur Burkhardtsmühle hinunter. Von dort aus geht es auf bekannten Pfaden wieder nach Musberg zurück.

- *Seebrückenmühle, Siebenmühlental, 71144 Steinenbrunn, Tel. 79 13 27. Mi-So 11-23 Uhr; bei schlechtem Wetter zwischen 15 u. 17 Uhr geschlossen.*
- *Schlößlesmühle, Siebenmühlental, 71144 Steinenbrunn, Tel. 79 27 12. Di-Fr 12-21, Sa/So 11-21 Uhr.*
- *Mühlenstüble, Kochenmühle 1, 70771 Leinfelden-Echterdingen, Tel. 07157-47 64. Mo-Mi, Fr 15-1, Sa/So 10-1 Uhr.*

Gehören Sie zu den Menschen, die schon lange ihrem Ruhestand entgegenfieberten, weil sie nun endlich Zeit haben ihre Urlaubsträume zu realisieren? Dann wissen Sie wahrscheinlich schon, wohin die nächste Reise gehen wird. Falls Sie noch Anregungen suchen: Hier finden Sie Studienreisen, »Kurlaube«, Schiffsreisen, Kulturfahrten und... – in Deutschland oder weltweit. Und allen, die Schneematsch und Kälte entfliehen möchten, ermöglicht ein Langzeiturlaub das Überwintern im sonnigen Süden.

Egal, wohin Sie fahren, denken Sie bei der Buchung daran, nach Vergünstigungen zu fragen. Viele Reiseveranstalter gewähren – vor allem in der Nebensaison – einen so genannten »Senioren-Rabatt«, auch wenn dieser nicht immer explizit im Katalog ausgewiesen wird. Oft können Sie auch sparen, indem Sie die Leistungen verschiedener Anbieter vergleichen und frühzeitig buchen. Lassen Sie sich im Reisebüro beraten, nicht nur was den Preis, sondern auch das gewählte Urlaubsland, Reisezeit und gesundheitliche Vorsorgemaßnahmen betrifft, damit Sie vor Ort keine unliebsamen Überraschungen erleben.

Auch wenn Sie regelmäßig auf ärztliche und/oder pflegerische Betreuung angewiesen sind, müssen Sie nicht zu Hause bleiben. Manche Veranstalter und auch Wohlfahrtsorganisationen bieten spezielle »Seniorenreisen« an, die Sie ins In- und Ausland führen. Dabei wohnen Sie in komfortablen, oft auch behindertengerechten Hotels, werden gemäß Ihren Bedürfnissen versorgt und genießen ein buntes Ferienprogramm. Gute Reise!

Hurtigruten

Zugegeben, klassische Kreuzfahrten sind teuer und mitunter etwas steif. Eine prima Alternative für alle, die Lust auf eine preiswertere und trotzdem komfortable Schiffsreise haben, ist eine acht- bis vierzehntägige Passage auf einem Postschiff der norwegischen »Hurtigruten«. Elf verschiedene Routen entlang der norwegischen Küste mit ihrer einzigartigen Fjordlandschaft oder über den Polarkreis hinaus bis an die Grenzen Russlands stehen zur Auswahl. Nicht die schnellste, aber mit Sicherheit die abwechslungsreichste Art, den Norden zu entdecken.

Information u. Buchung in allen Karstadt-Reisebüros. 8-tägige Reise inkl. Flug, VP ab DM 2.245, für Senioren ab 67 Jahren Ermäßigung.

Nordafrika

Ägypten, Marokko, Tunesien – längst ist eine Reise in den Vorderen Orient kein strapaziöses Abenteuer mehr. Vor allem nicht, wenn das Reiseziel eine nach europäischen Standards ausgestattete Hotelanlage ist. Der Veranstalter ITS hat sich auf Nordafrika spezialisiert und besondere Angebote für Senioren im Programm. Der »Seniorenclub« wartet mit einem auf ältere Urlauber zugeschnittenen Freizeitangebot auf. Das Stichwort »Senioren 55 plus« im Katalog steht für Preisnachlässe.

ITS-Reisen, 51140 Köln. Katalog u. Buchung im Reisebüro. 1 Woche Tunesien inkl. Flug, HP ab ca. DM 600.

Langzeiturlaub

Träumen Sie davon, unter Palmen zu überwintern? TUI macht's möglich: »Club Mallorquin«, »Club Teneriffe« und »Club Cypria« sind Angebote für Langzeiturlauber. Sie umfassen nicht nur besonders günstige Tarife für Flug und Unterkunft, sondern auch regelmäßige Veranstaltungen, die für Kontakte und Kurzweil unter den Überwinternden sorgen. Das Programm reicht vom Fitnesskurs bis zur Dichterlesung; Sie können selbst entscheiden, welche Angebote Sie nutzen möchten.

Information u. Buchung im Reisebüro. Mindestdauer 5 Wochen. 8 Wochen Mallorca inkl. Flug, HP DM 2.489.

Winter in der Ägäis

Die Seele baumeln lassen und dem Körper mit viel Bewegung an frischer Luft etwas richtig Gutes tun – bei einem Segelurlaub können Sie sich rundum erholen. Wintermüden Mitteleuropäern, die mindestens acht Wochen Zeit haben, bietet »Acamar« von November bis März gemütliche Segeltörns in der Ägäis an. Dabei geht es ruhig und erholsam zu und es bleibt viel Zeit für die Erkundung der angelaufenen Inseln. Abgesehen vom Skipper befinden sich maximal vier Personen an Bord, die keine Segelkenntnisse haben, aber »seetüchtig« sein müssen.

Acamar, André Blanc, Route des Monts-de-Lavaux 24b, CH-1092 Belmont, Tel. 0041-21-729 88 66. Internet: www.acamar.net. 9-Wochen-Törn ca. DM 250 p.P. u. Woche.

FÜR ANSPRUCHSVOLLE

»Anspruchsvolle Menschen buchen Qualitätsreisen auf höchstem Niveau« – so beschreiben die Mitarbeiter der Stuttgarter Wochenblatt Kulturfahrten ihr Klientel. Dieses begibt sich beispielsweise mit einer kompetenten Reiseleitung auf die Traumstraßen der USA, durchstreift die uralte Kulturlandschaft Jordaniens oder erforscht Gärten und Moore in Wales. Das kleine, aber feine Reisebüro führt Interessierte auch zu Europas Kulturerlebnisstätten: zu den Festspielen nach Verona oder ins Guggenheim-Museum in Bilbao.

Stuttgarter Wochenblatt Kulturfahrten GmbH, Geißstr. 4, 70173 Stuttgart, Tel. 210 40 40. 7 Tage Wales inkl. Flug, HP DM 2.588.

MIT BEGLEITUNG IN DEN URLAUB

Mit Tip-Top-Reisen können Sie sich völlig auf einen erfahrenen Anbieter von Reisen für Menschen in der zweiten Lebenshälfte verlassen. Begleitete Seniorenreisen bringen Sie zu den Kanarischen Inseln, nach Mallorca und anderen sonnigen Ferienzielen. Die Mitarbeiter nehmen Ihnen den Check-in am Flughafen ab, kümmern sich um den Transport des Gepäcks zum Hotel und auf Ihr Zimmer. Kurzum: Sie können sich voll und ganz Ihrer Urlaubsstimmung hingeben und sich auf Ihre Erholung konzentrieren.

Tip-Top-Reisen, Waiblinger Str. 11, 70372 Stuttgart, Tel. 95 46 28. 9 Tage Madeira inkl. Flug, HP ab DM 1.899.

Für Körper & Geist

Reisen für Geist und Körper bietet das Evangelische Bildungswerk Stuttgart. Erleben Sie das Bio-Energetik-Seminar in der Toskana, entdecken Sie Urgebärden, Tänze und Mythen auf Lesbos oder schließen Sie sich einer Wanderwoche mit Chorsingen in der Toskana an. Die Bildungsreisen werden zwar überwiegend von Leuten ab 50 Jahren gebucht, aber die spannenden und zeitgemäßen Themen sprechen auch jüngere Menschen an. Also: Ein interessanter Austausch über die Generationen hinweg ist garantiert!

Evangelisches Bildungswerk, Gymnasiumstr. 36, 70174 Stuttgart, Tel. 206 81 50. 1 Woche Bioenergetik-Seminar in der Toskana inkl. Fahrt, VP ab DM 560.

Rundum versorgt

Die Sonneninsel Mallorca ist das Ziel von betreuten Seniorenreisen, die der DRK-Kreisverband Esslingen anbietet. Reiselustige ältere und behinderte Menschen können dort Urlaub vom Alltag machen. Die Reisen sind vom Flug bis zur Verpflegung speziell für Menschen konzipiert, die nicht mehr alleine verreisen können. Eine Rundumversorgung ist bei Bedarf gewährleistet, da qualifizierte Helfer und Helferinnen stets zur Stelle sind. Außerdem steht ein deutschsprachiger Arzt jederzeit zur Verfügung. Aber auch Ihre Angehörigen oder Freunde können Sie begleiten.

DRK-Kreisgeschäftsstelle, Neckarstr. 58, 73728 Esslingen, Tel. 39 00 51 32. 2 Wochen Mallorca ab DM 2.050.

REISEN MIT HERZ

Senioren-Reisen sind bei Jäger »Reisen mit Herz«. Das Unternehmen entführt seine Kunden mittels bequemer, klimatisierter Reisebusse zu den besonders erholsamen Badeorten in Oberitalien, lädt ein zu Kuren und Entspannungstrips nach Ungarn oder nach Rügen an die Ostsee. Die Renner sind jedoch unbestritten die sogenannten »Herzchen-Reisen«, bei denen Erika Göller die Reiseleitung übernimmt und in ihrer besonders liebevollen Art die Herzen aller Reisenden im Sturm erobert. Neu im Programm sind Flugreisen nach New York und Vancouver. Beim »Kanada-Trip« – die Anreise ist individuell zu gestalten – übernimmt Matthias Haußknecht die Reiseleitung vor Ort. Der ehemalige Mitarbeiter des Unternehmens lebt seit geraumer Zeit in Kanada und teilt seine Liebe zu Land und Leuten gerne mit den Besuchern.

Reisebüro Jäger, Bolzstr. 4, 70173 Stuttgart, Tel. 22 12 22. 5 Tage Hamburg inkl. Fahrt, HP, Stadtführung, Hafenrundfahrt DM 739. 21 Tage Kanada ab DM 4.990.

AUF DEN SPUREN DER BIBEL

Seit fast 40 Jahren ist »Biblische Reisen GmbH« ein Spezialist für Studienreisen in den Vorderen und Mittleren Orient. Begeben Sie sich auf die Spuren der Bibel in Israel, Syrien, Jordanien, dem Libanon und Ägypten. Die ökumenischen Kreuzfahrten im Mittelmeer, bei denen auch Seelsorger an Bord sind, bringen Sie zu den frühen Kultstätten der christlichen Religion. Ein weiterer Schwerpunkt ist neben den Stätten der Bibel und der Christenheit »Die Welt der Religionen«. Bei diesem Programm fliegen Sie nach Asien, tauchen ein in die Welt des Buddhismus oder Hinduismus und erleben Begegnungen mit christlichen Minderheiten in aller Welt. »Biblische Reisen« offeriert auch Frauen-Reisen mit speziellen Themen.

Biblische Reisen GmbH, Silberburgstr. 121, 70176 Stuttgart, Tel. 61 92 50. 1 Woche Israel inkl. Flug, HP DM 1.830.

»KURLAUB« AUF DEM TRAUMSCHIFF

Urlaub und Kur lassen sich prima verbinden. Ein Veranstalter, der viel Erfahrung mit »Kurlauben« hat, ist Wöhr-Tours. Ziele sind hauptsächlich Kurorte in Bayern. Urlauber werden vor Ort mit dem so genannten »Bäderbus« zu den umliegenden Thermalquellen und Bädern gebracht.
In Niederbayern gibt es ein Angebot ganz besonderer Art: ein Urlaub im »Traumschiff an Land«, das in Bad Füssing »vor Anker liegt«. Hier betreut Sie der ehemalige Kapitän der »MS Berlin« in maritimer Atmosphäre. Neben allen Annehmlichkeiten einer Schiffsreise erwarten Sie auch Yoga-, Koch- und Tanzkurse.

Wöhr-Tours, Rotebühlstr. 102, 70178 Stuttgart, Tel. 61 09 71. 1 Woche Oberbayern inkl. Fahrt, Ü/F ab DM 495. 1 Woche »Traumschiff« DM 1.099.

Sie sind passionierter Briefmarkensammler, begeisterte Hobbymalerin oder viel beschäftigter Freizeitgärtner und freuen sich über die Gelegenheit, Ihrem Steckenpferd endlich mit Muße nachgehen zu können? Glückwunsch, dann haben Sie wahrscheinlich keine Probleme, Ihre Tage auf angenehme und anregende Weise zu füllen.

Viele Menschen waren aber durch Beruf oder Haushalt und Familie viele Jahre so eingespannt, dass sie keine Zeit hatten, ein Hobby zu pflegen. Wenn es Ihnen ebenso ergangen ist, dann ist es jetzt an der Zeit, sich ein Hobby zu suchen. Vielleicht gibt es ja eine Tätigkeit, die Sie schon immer gereizt hat? Egal, ob es Klavierspielen oder Bergsteigen ist – probieren Sie es doch einfach aus! Falls Sie mit einem Hobby liebäugeln, in das Sie nicht ohne Anleitung einsteigen können oder dessen Ausübung nur in einem Verein oder einer Gruppe möglich ist, erkundigen Sie sich, wo es in Ihrer Stadt solche Institutionen gibt. Oft helfen hier Interessenbörsen und die schwarzen Bretter in Stadtteil- und Nachbarschaftszentren weiter. Nur Mut, ein unverbindliches Hineinschnuppern ist überall möglich!

Falls Sie noch nicht so recht wissen, was zukünftig zu »Ihrem« Hobby werden könnte, blättern Sie weiter. Auf den nächsten Seiten finden Sie Gruppen und Vereine, deren Mitglieder in den besten Jahren sind und die sich spannenden und abwechslungsreichen Freizeitbeschäftigungen verschrieben haben. Bei allen vorgestellten Organisationen gilt: Neue Interessenten sind herzlich willkommen!

Treffpunkt Senior

Kunst, Kultur, Natur, Gesundheit, Politik, Reisen – der Treffpunkt Senior verfügt über ein prall volles Programm. Es macht schon viel Vergnügen, in dem rund 60 Seiten dicken Programmheft zu blättern und sich neugierig auf Themen zu stürzen, die mit »Schreibwerkstatt«, »Wildkräuter sammeln und zubereiten« oder auch »Wendo-Selbstverteidigung für Frauen« überschrieben sind. Außer den diversen Kursen, Vorträgen und Seminaren gibt es ein Sonntagscafé und einen regelmäßigen Spielesonntag. Der Treffpunkt Senior ist ein Zusammenschluss von 16 Initiativen und Verbänden, die gemeinsam ein Angebot speziell für ältere Menschen auf die Beine gestellt und unter einem Dach gebündelt haben. Zentral in der Stadtmitte gelegen, ist der Treffpunkt mit öffentlichen Verkehrsmitteln gut zu erreichen.

Treffpunkt Senior, Rotebühlplatz 28, 70173 Stuttgart, 61 60 99. Mo-Do 9-12 u. 15-16.30 Uhr. Schreibwerkstatt DM 6 pro Treffen.

Theater im Zentrum

Anspruchsvolles, experimentelles Theater bringen die 16 Schauspieler und Schauspielerinnen des Seniorentheaterklubs auf die Bühne. Die Gruppe um die Theaterpädagogin Ursula Farmers bringt keine vorgegebenen Texte zur Aufführung. Klassische Stücke gibt es in ihrem Repertoire nicht und stupides Auswendiglernen ist verpönt. Vielmehr setzen die Akteure, die jährlich ein eigenes Stück erarbeiten, Themen um, die sie selbst und ihren Alltag betreffen. Einmal in der Woche ist Theatertraining: Auf dem Stundenplan stehen unter anderem Sprachtraining, Rhythmik, Körpertraining und Rollenarbeit. Interessierte können gerne unverbindlich die »Schnuppertage« besuchen und sich ausführlich über die Theatergruppe informieren.

Heusteigstr. 39, 70180 Stuttgart, Tel. 216 23 28, Kontakt: Ursula Farmer.

Stuttgarter Spielkreis

Als eine fröhliche, bunt gemischte Gruppe aller Altersstufen, die Spaß am Singen und Tanzen hat, stellt sich der Stuttgarter Spielkreis vor, der seit über 50 Jahren besteht und mittlerweile rund einhundert Mitglieder zählt. Zwei Tanzleiter sorgen dafür, dass deutsche Volks- und Paartänze sauber eingeübt werden, zwei Chorleiter kümmern sich um die vierstimmige Sangesschar. Der Spielkreis unterhält Kontake zu vielen Tanzgruppen im Ausland, u.a. in Schottland, Frankreich und Schweden, die natürlich immer mal wieder besucht werden. »Wir lernen voneinander«, sagt Spielkreisleiterin Claudia Klump. Bei Heimat- und Kinderfesten treten die Akteure in ihren farbenfrohen Trachten auf, jedes Jahr lädt die Gruppe zum mittelalterlichen Mysterienspiel ein. Geübt wird wöchentlich in Stuttgart-Vaihingen.

Kontakt: Claudia Klump, Burggstr. 23, 72581 Dettingen, Tel. 07123-881 19.

SENIORENTANZ E.V.

Stellen Sie sich vor, Sie haben Lust auf Tanzen – und keiner geht mit! Was tun? Ganz einfach: Schließen Sie sich einer Senioren-Tanzgruppe an! Sowohl Anfänger als auch Fortgeschrittene kommen bei internationaler Folklore, Reihentänzen, Squaredance und Quadrillen auf ihre Kosten. Der Verein bittet vor allem die Herren der Schöpfung zum Tanz, denn Männer sind momentan etwas unterrepräsentiert. Beim »Offenen Tanzen«, das einmal monatlich stattfindet, kann man ja erst mal gucken, wer sich da noch so im Kreise dreht...

Kontakt: Helga Herzog, Wildunger Str. 25, 70372 Stuttgart, Tel. 55 19 94 u. Ingrid Kaufmann, Hohentwielstr. 110, 70199 Stuttgart, Tel. 60 40 23. Jahresbeitrag DM 60.

KOCHCLUB

Acht bis zehn »flotte Köche« scharen sich derzeit um den Herd im »Haus der Familie«. Sie treffen sich an vier Tagen der Woche jeweils vormittags ab 9.30 Uhr, um gemeinsam den Kochlöffel zu schwingen und das Zubereitete dann auch mit Genuss zu verspeisen. Wer Anregungen für neue Gerichte sucht, ist hier goldrichtig, aber auch Kochanfänger sind willkommen. Im speziellen Anfänger-Kochkurs bekommen sie die Grundlagen des Kochens beigebracht. Und keine Angst: Viele Köche verderben hier gar nichts, im Gegenteil zu mehreren macht es erst richtig Spaß!

Haus der Familie in Stuttgart e.V., Neue Weinsteige 27, 70180 Stuttgart, Tel. 60 04 31. Kochclub DM 68 pro Monat.

STREICHORCHESTER »40 PLUS«

Wenn »Händel« für Sie nicht der schwäbische Ausdruck für Streit ist, sondern ein Komponist, und Sie darüber hinaus auch noch ein Streichinstrument spielen, dann könnte es gut sein, dass Sie in das Streichorchester von Hella Häußler passen. Seit 13 Jahren musizieren musikbegeisterte Violinisten, Bratschisten und Cellisten in ihrem Orchester, das eine breite Musikpalette zu bieten hat. Thematisch geht's von Barock über Romantik bis hin zur Moderne; Stücke von besagtem Händel, Telemann und Mozart werden interpretiert. Engagement und der Wille, anspruchsvolle Streichmusik zu machen, sind Voraussetzung für die Aufnahme in das Orchester, das bei diversen kulturellen Anlässen auch öffentlich auftritt.

Treffpunkt Senior, Rotebühlplatz 28, 70173 Stuttgart. Kontakt: Hella Häußler, Tel. 69 24 51.

MUSIZIERKREIS »ÜBER 50«

Das zweite musikalische Standbein von Hella Häußler ist der Blockflötenkreis, in den allerdings nur fortgeschrittene und versierte Spieler jenseits der 50 aufgenommen werden. Eine gewisse Anblastechnik muss da sein, sagt Hella Häußler, die mit dem Musizierkreis in ihren eigenen vier Wänden in Stuttgart-Botnang probt.

c/o Hella Häußler, Tel. 69 24 51.

Kinokreis

Alleine ins Kino, das ist langweilig! Wer aber Mitglied im Kinokreis ist, der trifft auf Gleichgesinnte und kann sich auf anregende und aufregende Abende vor der Leinwand freuen. Für ca. DM 100 Vorausgebühr erhalten die Teilnehmer Gutscheine für zehn Kinoabende in Stuttgarter Lichtspielhäusern an festgelegten Terminen. Das Kinoprogramm als solches ist anspruchsvoll und nicht selten gibt es die Filme nur im Original mit deutschen Untertiteln. Die Filmfreunde machen es sich nach den Vorführungen öfter noch bei einem Viertele im Wirtshaus bequem, wo über das Gesehene diskutiert wird.

Kontakt: Heinrich Pickart, Genker Str. 35, 71034 Böblingen, Tel. 07031-27 74 86.

Stuttgarter Seniorenzeitung

Die SSZ feierte 1999 den zehnten Geburtstag. Waltraud Baumeister ist Gründerin, Verlegerin und Chefredakteurin in Personalunion, alle festen und freien Mitarbeiter sind ehrenamtlich tätig. Wer gerne schreibt und Gespür für Sprache und die Zielgruppe – Menschen ab 55 – mitbringt, kann für die SSZ vielleicht schon bald kleinere und größere Artikel liefern. Die Zeitung gibt es an Kiosken und im Zeitschriftenhandel; für DM 2,50 können sich zukünftige Schreiber schon mal in die unterschiedlichen Rubriken vertiefen.

Eugenstr. 16, 70182 Stuttgart, Tel. 23 24 00.

Radio zum Mitmachen

Statt immer nur übers Radioprogramm zu schimpfen, könnten Sie ja mal selbst zum Radiomacher werden. Wie und wo das geht? Beim Freien Radio Stuttgart! Hinein in die Redaktion und ran ans Mikro – gesucht werden aufgeschlossene und jung gebliebene Mitbürger, die sich auf das Medium Radio einlassen wollen. Beim Freien Radio ist alles selbst gemacht, von der Idee für eine Sendung bis zum Schreiben der Texte und der Moderation. Dialekt ist kein Problem und ein Einführungsworkshop inklusive Technikcrashkurs gibt's für alle Neuen mit dazu. Reinhören auf 97,2 MHz (Antenne) oder 102,1 MHz (Kabel).

Freies Radio für Stuttgart, Falbhennenstr. 11, 70180 Stuttgart, Tel. 640 04 42.

Tanz für Stuttgart über 60

Alle, die gerne eine flotte Sohle aufs Parkett legen, sind jeden zweiten Montag im Monat eingeladen, im STELLA Erlebnis-Center das Tanzbein zu schwingen. Ob Sie alleine oder zu zweit kommen, die Combo »L. E. Dance-Connection« bringt Sie auf jeden Fall zum Swingen. Moderator der Nachmittagsshow von 14.30 bis 17.30 Uhr ist der Präsident der Stuttgarter Prominentenkicker, Erich Brodbeck.

STELLA Erlebnis-Center, Plieninger Str. 100, 70567 Stuttgart, Tel. 725 29 45. Eintritt frei.

Engagement

Keine Frage, Sie werden gebraucht! In Zeiten leerer Kassen sind gemeinnützige Institutionen, Vereine und Organisationen mehr denn je auf die tatkräftige Unterstützung ehrenamtlicher Mitarbeiter angewiesen. Fast ebenso groß wie die Anzahl dieser Institutionen ist die Vielfalt der Aufgaben, die auf freiwillige Helfer warten. Und helfen kann jeder, denn in der Regel müssen Sie für eine ehrenamtliche Arbeit keine Vorkenntnisse oder gar eine besondere Ausbildung mitbringen.

Dabei brauchen Sie nicht zu befürchten, dass Sie sich auf etwas einlassen, was Sie dann doch nicht wollen, oder dass Sie sich übernehmen. Bevor Sie eine verbindliche Zusage machen, können Sie natürlich ausprobieren, ob Sie der Aufgabe gewachsen sind. Und Sie sind derjenige, der bestimmt, wie viel und wann Sie im Einsatz sind. Alle Institutionen, die auf die Unterstützung freiwilliger Mitarbeiter angewiesen sind, haben Interesse an einer langfristigen Zusammenarbeit mit zufriedenen Ehrenamtlichen. Schulungen sorgen dafür, dass Sie die nötigen Kenntnisse erwerben, die Sie für ihren freiwilligen Dienst brauchen. Fordert dieser Sie seelisch stark, bekommen Sie regelmäßig psychologische Unterstützung. Denn das Engagement für eine gute Sache soll schließlich nicht nur anderen, sondern auch Ihnen etwas geben!

Wenn Sie noch auf der Suche nach der richtigen Aufgabe sind, finden Sie auf den nächsten Seiten zahlreiche Einrichtungen in Ihrer Region, die dankbar für jede weitere helfende Hand sind.

EHRENAMT NACH MASS

Hinter dem Kürzel »IbiS« versteckt sich kein Storchenvogel, sondern die »Initiative Bürgerengagement in Stuttgart«. Menschen aller Altersgruppen, die ein paar Stunden in der Woche Zeit haben und gerne etwas für andere tun möchten, sind bei IBiS an der richtigen Adresse. Die Initiative vermittelt ehrenamtliche Mitarbeiterinnen und Mitarbeiter an rund 120 gemeinnützige Organisationen und kulturelle Vereinigungen im Raum Stuttgart. Die Tätigkeiten, für die – oft händeringend – Ehrenamtliche gesucht werden, sind so vielfältig, dass jeder, der eine sinnvolle Aufgabe sucht, auch fündig wird: Buchhaltungsarbeiten, Cafeteriamitarbeit, Führungen durch die Stadt und Lesungen stehen ebenso auf der langen Angebotsliste wie Korrespondenzführung, Jugendbetreuung, Handarbeiten oder Mithilfe im Theater. Damit sich das Ehrenamt für alle Beteiligten befriedigend gestaltet, werden nicht nur die Anforderungen der Organisationen, sondern auch die Bedürfnisse derer, die sich engagieren möchten, berücksichtigt. Die netten IbiS-Mitarbeiterinnen fragen deshalb nicht nur nach persönlichen Fähigkeiten, sondern auch, wie viel Zeit man investieren und in welchen Stadtteilen man tätig werden möchte. Ein erstes Kontaktgespräch oder sogar eine Vermittlung führen zu keinen weiteren Verpflichtungen. Also, nur Mut und anrufen!

Initiative Bürgerengagement in Stuttgart e.V., Rotebühlplatz 28, 70173 Stuttgart, Tel. 62 42 54. Mo 15-18, Do 9-12 Uhr.

ENGAGEMENT AM BAU

Ruhestand in Filzpantoffeln oder mit der Zeitung auf der Bank im Park? So stellen sich die Herren vom Seniorendienst Stuttgart den dritten Lebensabschnitt nicht vor! Hier wird noch »g'schafft mit der Hand am Arm«, und jeder kann seine handwerklichen Fähigkeiten nach Lust und Laune einsetzen und sogar noch den einen oder anderen Kniff dazulernen. Unter fachkundiger Anleitung werkeln die Männer des Seniorendienstes in Wohlfahrtseinrichtungen in der ganzen Bundesrepublik und sogar im benachbarten Ausland. Denn oft fehlen gerade dort die finanziellen Mittel, um verschiedene Gebäude instand zu setzen und zu modernisieren. Im Vordergrund steht der Spaß an der Arbeit ohne Zwang und Stress. Bei Einsätzen wird maximal sieben Stunden täglich gearbeitet. Für alle Helfer gibt es freie Unterkunft und Verpflegung und täglich ein kleines Taschengeld, außerdem wird für sie eine Unfallversicherung für die Dauer des Einsatzes abgeschlossen. Sämtliches Arbeitsmaterial sowie das notwendige Werkzeug wird gestellt. Bei aller Arbeit kommt aber auch das Gesellige nicht zu kurz, denn die flotten Handwerker treffen sich gerne mal abends und am Wochenende, unternehmen gemeinsame Ausflüge und Wanderungen oder finden sich regelmäßig einmal im Monat am Stammtisch ein.

Seniorendienst Stuttgart, Burgenlandzentrum, St. Pöltener Str. 29, 70469 Stuttgart, Tel. 856 60 18.

Senioren helfen Senioren

Bügeleisen kaputt? Abstelltischchen ohne Bein? Kein Problem für die Elektriker und Schreiner im »Unruhestand«, die jeden Dienstag und Donnerstag Haushaltsgeräte und Kleinmöbel reparieren. Die Werkräume im Burgenlandzentrum sind mit den notwendigen Gerätschaften ausgerüstet. Obendrein bietet die Initiative einen juristischen Beratungsdienst an, wo Ehrenamtliche Fragen zu sämtlichen Behördenangelegenheiten beantworten. Neue Mitglieder mit entsprechenden Sach- und Fachkenntnissen sind herzlich willkommen!

Burgenlandzentrum, St.-Pöltener-Str. 29, 70469 Stuttgart, Tel. 856 60 18. Di u. Do 9-12 Uhr.

Spielzeugmuseum sucht Helfer

Blechspielzeug, Porzellanpuppen, Eisenbahnen – wer wird beim Anblick solcher Schätze nicht wieder zum Kind? Über 20 Jahre sammelt Regina Wörner nun schon altes Spielzeug, das sie im Ersten Stuttgarter Spielzeugmuseum der Öffentlichkeit zugänglich macht. Das Museum ist das Hobby der Stuttgarterin; mit viel Liebe und in vielen Arbeitsstunden hat sie die kleine Welt eingerichtet. Brauchen könnte sie jetzt jemanden, der Freude an den Sachen hat und samstags ab und an mal ehrenamtlich an der Kasse sitzt und die Fragen interessierter Besucher beantwortet.

Erstes Stuttgarter Spielzeugmuseum, Weberstr. 6-8, 70182 Stuttgart, Tel. 48 40 91.

RENT-A-OMA

Die siebenjährige Nadine glaubt: »Meistens sind Großmütter dick. Aber zu dick dürfen sie auch nicht sein, sonst können sie einem nicht die Schuhe zubinden.« Ob dick oder dünn – fröhliche und jung gebliebene Omas und Opas sind immer gefragt – nicht nur zum Schuhezubinden! Ganz besonders freut sich die Arbeitsgemeinschaft Kinderbetreuung über neue Mitarbeiter. Als Ersatzgroßeltern, die liebevoll auf die Bedürfnisse von Kindern eingehen, helfen engagierte Stuttgarter Alleinerziehenden und Familien bei der Kinderbetreuung. Sie springen immer dann ein, wenn Eltern mal einen Abend für sich möchten, Dringendes zu erledigen haben oder sonstwie Not am Mann ist. Und zu verdienen gibt es auch etwas: DM 10 Aufwandsentschädigung für jede Stunde, dazu kommt noch eine Verwaltungsgebühr von DM 1 pro Stunde sowie eine Fahrtkostenerstattung. Wichtig zu wissen: Alle Betreuerinnen und Betreuer sind unfall- und haftpflichtversichert. Engagement und Einsatz werden aber nicht nur finanziell belohnt, denn nicht selten ist zwischen der »Miet-Oma« und dem »Honorar-Opa« und ihren Schützlingen eine Freundschaft fürs Leben entstanden.

- *Arbeitsgemeinschaft Kinderbetreuung, Rotebühlplatz 28, 70173 Stuttgart, Tel. 62 78 09, Kontakt: Frau Wagenblass. Di 9-12 Uhr.*
- *Babysittervermittlungszentrale »Babyze«, Bismarckstr. 55/1, 70197 Stuttgart, Tel. 63 96 82. Mo/Mi/Fr 10-12, Do 14-18 Uhr.*

Grüne Damen & Herren

Einfühlungsvermögen, Freude am Miteinander, Geduld und stets ein offenes Ohr – wenn Sie über diese Eigenschaften verfügen, können Sie Mitglied werden bei den »Grünen Damen und Herren«, den Helferinnen und Helfern der Evangelischen Krankenhaushilfe Stuttgart. Einmal in der Woche besuchen die Männer und Frauen in grünen Kitteln (daher der Name) »ihre« Station im Krankenhaus oder Pflegeheim. Sie verbringen rund drei Stunden mit dem Besuch einsamer Patienten und führen mit ihnen Gespräche, unterstützen sie bei Gehversuchen oder erledigen Besorgungen für sie. Wer helfen möchte, muss eigene Probleme und Sorgen zurückstellen können, belastbar und körperlich fit sein. Die Konfession spielt keine Rolle. Neulingen wird ein zweitägiges Einführungsseminar angeboten, außerdem werden sie von einem versierten Mitglied beim ersten Gang durch die Zimmer begleitet. Das Jahr über gibt es Fortbildungen und Supervisionsangebote; als kleine Anerkennung und Dankeschön werden Ausflüge, Theaterbesuche und gemeinsame Weihnachtsfeiern veranstaltet. Der Dienst ist ehrenamtlich, man erhält nur das Fahrgeld und ein Mittagessen am Einsatztag. Pflegerische Tätigkeiten und Putzarbeiten werden nicht übernommen.

Evangelische Krankenhaushilfe (EHK) Stuttgart, Aktionsgemeinschaft evangelisch-ökumenischer Krankenhaus- und Altenheimhilfe, Kontakt: Ruth Klauss, Tel. 257 31 80.

Alt hilft Jung

Dass Senioren noch lange nicht zum »alten Eisen« gehören, beweist eindrücklich der Arbeitskreis »Senioren helfen Junioren«. Seit über zehn Jahren greifen die rund 30 Mitglieder jungen Menschen, die sich am Anfang ihrer beruflichen Karriere befinden, unter die Arme und stehen ihnen mit Rat und Tat zur Seite. Erfahrung ist das, was zählt, weshalb die Mentoren, die beim Arbeitskreis einsteigen wollen, selbst Führungskräfte oder selbstständige Unternehmer gewesen sein sollten. Etwa zwei bis drei Tage Zeit im Monat sollten sie zudem mitbringen. Die Mitglieder treffen sich regelmäßig alle vier Wochen, um Anfragen zu bearbeiten.

Senioren helfen Junioren e.V., Sindelfinger Str. 12, 71032 Böblingen, Tel. 07031-22 83 88, Kontakt: Hilde Bürkle.

DRK-Übungsleiter

Wer ein Leben lang Sport getrieben hat, möchte im Alter nicht nur nicht darauf verzichten, sondern vielleicht auch andere dazu animieren. Das Deutsche Rote Kreuz sucht und bildet laufend Übungsleiter für Seniorengymnastik, Seniorentanz und Senioren-Wassergymnastik aus. Bewerber für dieses Ehrenamt sollten nicht älter als 55 Jahre sein und ein wenig Ausdauer mitbringen, denn die Ausbildung dauert etwa zwei Jahre.

Deutsches Rotes Kreuz, Kreisverband Stuttgart e.V., Reitzensteinstr. 9, 70190 Stuttgart, Tel. 280 80.

Reiseleiter

Die Reiseziele sind attraktiv: An die Nordsee, in den Harz, nach Österreich, Südtirol oder auch mal nach England, Frankreich oder auf die Ferieninsel Mallorca schickt die Arbeiterwohlfahrt ältere Menschen zur Seniorenerholung. Da sind umsichtige ehrenamtliche Reiseleiter, die sich um die im Schnitt 15- bis 20-köpfigen Reisegruppen kümmern, unverzichtbar. Wenn Sie kontaktfreudig, körperlich gesund und in der Lage sind, auf die Wünsche und Bedürfnisse anderer einzugehen, dann sind Sie ein idealer Kandidat für diese Aufgabe. Sonstige Voraussetzungen braucht man keine; günstig ist es, Fremdsprachen wie Englisch oder Französisch zu beherrschen, dann wächst die Chance, auch mal im Ausland eingesetzt zu werden.

Arbeiterwohlfahrt Stuttgart, Olgastr. 63, 70182 Stuttgart, Tel. 210 61 56.

Engagement für Senioren

Nach der Berufsphase etwas für sich und andere tun, etwas, was den eigenen Interessen und Fähigkeiten entspricht – dieser Wunsch lässt sich erfüllen. Das Seniorenbüro in Sindelfingen ist eine Anlaufstelle für alle, die Informationen zu Ehrenamt und Selbsthilfe suchen. Wohlfahrtsverbände und Seniorenorganisationen sind ebenso wie freie Initiativen auf freiwillige Mitarbeiter angewiesen; hier besteht die Möglichkeit, Freizeit sinnvoll zu verbringen. Wer Zeit und Lust hat, kann sich einbringen bei Besucherdiensten, Initiativen zur Weitergabe von Lebenserfahrungen und Erfahrungswissen, Telefonketten und Telefontreffs, Seniorenwerkstätten und Reparaturdiensten und vielem anderen mehr. Sie können auch an Selbsthilfegruppen teilnehmen oder selber eine Gruppe gründen. Seniorenbüros – es gibt mittlerweile über 40 in Deutschland – wirken in ihren Geschäftsstellen informierend, beratend und vermittelnd – nicht nur, wenn es um Ehrenamt und Engagement geht.

Seniorenbüro Hildrizhausen, Hölderlinstr. 7, 71157 Hildrizhausen, Kontakt: Frau Frank u. Frau Simon, Tel. 07034-310 92. Di 9.30-11 u. Do 9-10.30 Uhr.

Einsatz für die Kunst

Sie lieben Kunst und umgeben sich gerne mit schönen Dingen? Dann würde Ihnen die ehrenamtliche Mitarbeit in der Staatsgalerie bestimmt Spaß machen. Anhand eines Fragebogens stellt Kunstvermittler Dr. Christofer Conrad fest, »wer wo gut hinpassen würde«, und vergibt dann die »Jobs« nach Interessensgebieten: Sie könnten im Archiv zum Einsatz kommen oder beispielsweise beim Prospekteverteilen helfen. Wer ein Kunstfan ist und Lust hat sich weiteres (Kunst-)Wissen anzueignen, kann nach einem speziellen Coaching auch Besuchern am Infotisch Auskunft geben.

Staatsgalerie Stuttgart, Urbanstr. 35, 70182 Stuttgart, Tel. 212 40 65, Kontakt: Dr. Christofer Conrad (Leiter Ressort Kunstvermittlung).

Allgemeiner Deutscher Fahrradclub

Radtouren speziell für Senioren auszuarbeiten und anzubieten, haben sich die ADFC-Fahrradfreunde schon lange vorgenommen. Konkret ist aber noch nichts daraus geworden, weil die Ehrenamtlichen, wie üblich, reichlich überlastet sind. Es gibt also was zu tun. Wenn Sie gern in die Pedale treten, Karten lesen können und sich einigermaßen in der Region auskennen, könnten Sie sich beim ADFC engagieren und helfen, ein Senioren-Rad-Programm auf die Beine zu stellen.

Fahrradbüro, Breitscheidstr. 82, 70176 Stuttgart, Tel. 636 86 37, Fax 636 54 95. Mi 15-18.30, Fr 14-16.30, Sa 10-12 Uhr.

Mädchen-Betreuung

Wegbegleiterin und Ansprechpartnerin für junge Mädchen im Alter zwischen 12 und 18 Jahren, die noch nicht lange in Deutschland leben, sucht das Jugendgemeinschaftswerk. Wer auf Jugendliche zugehen kann und ein offenes Ohr für ihre Ängste, Sorgen und Probleme hat, ist für diese anspruchsvolle Aufgabe geeignet. Wichtig ist, dass die künftigen Betreuerinnen bereits Erfahrungen in der Gruppenarbeit gesammelt haben, vielleicht schon einmal eine Jugendgruppe geleitet oder eine pädagogische Ausbildung haben. »Ganz besonders freuen wir uns, wenn wir ehrenamtliche Helferinnen finden, die Russisch sprechen. Das erleichtert die Arbeit mit den manchmal recht verschlossenen Mädchen ungemein«, berichtet Ulrike Mucke vom Jugendgemeinschaftswerk. Interesse zeigen die Mädchen vor allem daran, Stuttgart kennenzulernen und die Möglichkeiten für Jugendliche in ihrer neuen Umgebung auszukundschaften. So steht auch mal ein Besuch im Internetcafé oder im Jugendhaus auf dem Programm. Unternommen wird alles, was Spaß macht – also ins Kino gehen, Eis essen, Ausstellungen besuchen oder gemeinsam handwerken.

IN-VIA, Jugendgemeinschaftswerk, Olgastr. 62, 70182 Stuttgart, Tel. 24 89 31 17, Kontakt: Ulrike Mucke.

Unterhaltung im Altenheim

Können Sie gut Märchen erzählen? Oder spielen Sie ganz passabel auf einem Instrument? Dann melden Sie sich doch mal im Nikolaus-Cusanus-Haus, einem Altenwohn- und Pflegeheim, denn dort werden musisch begabte Menschen dringend gebraucht. Die Heimbewohner freuen sich sehr über Abwechslung in ihrem Alltag und ein wenig Unterhaltung von lieben Mitmenschen. Ab und an sucht das Heim auch Damen und Herren, die aushilfsweise den Empfangsdienst übernehmen, Post verteilen, Telefonate entgegennehmen oder bei kulturellen Veranstaltungen bei der Saalbeleuchtung helfen und die Künstler mit Essen versorgen.

Nikolaus-Cusanus-Haus, Törlesäckerstr. 9, 70599 Birkach, Tel. 45 83-0, Kontakt: Eckehard Rauch.

Weiterbildung

»Nicht für die Schule, sondern fürs Leben lernen wir.« Im Laufe der Zeit haben Sie sicher erfahren, dass dieser Spruch wohl in dem einen oder anderen Fall zutrifft, auch wenn man dies zu Schultagen wohl eher bezweifelt hatte.

Wer sich im fortgeschrittenen Alter zu einem Studium, einem Volkshochschulkursus oder irgendeiner anderen Weiterbildung entschließt, bestätigt jene Weisheit umso mehr. Schließlich geht es diesen Bildungshungrigen nicht darum, einen Abschluss zu erwerben, sondern ihr Wissen und ihren Erfahrungsschatz zu erweitern. Dabei bestätigen Ausnahmen natürlich die Regel: An den Hochschulen und in anderen Bildungseinrichtungen gibt es immer wieder »ältere Semester«, die gezielt ein Diplom oder sogar eine Promotion anstreben und auch erfolgreich abschließen.

Ob Sie sich diese zum Vorbild nehmen wollen oder sich mit einem Kurs an der Volkshochschule »begnügen«, bleibt Ihrem Wissensdurst überlassen. Ebenso die Entscheidung, ob Sie zusammen mit Gleichaltrigen lernen möchten oder in Gruppen, die sich aus Teilnehmern unterschiedlichen Alters zusammensetzen. Entscheidend ist dabei auch, was Sie lernen möchten: Während in einem historischen Seminar die Sichtweise verschiedener Generationen durchaus befruchtend wirken kann, fühlen Sie sich in einem Internetkurs unter Gleichaltrigen wahrscheinlich wohler als unter computererfahrenen Teenies. Informieren Sie sich auf den folgenden Seiten, welches Weiterbildungsangebot das passende für Sie ist.

Universität Stuttgart

Ein »Seniorenstudium« im eigentlichen Sinn, etwa mit speziellen Angeboten oder einem Abschluss nur für diesen Personenkreis, gibt es an der Universität Stuttgart mit voller Absicht nicht. Denn nicht das Alter einer Person ist hier maßgeblich, sondern ihr Hörerstatus. Senioren sind an der Uni ebenso willkommen wie alle anderen Interessierten. Grundsätzlich gibt es zwei Möglichkeiten, das Angebot der Uni zu nutzen: Zum einen können Sie ein reguläres Studium aufnehmen, sofern Sie die für den gewählten Studiengang notwendigen Zugangsvoraussetzungen mitbringen. Dabei unterliegen Sie genau denselben Bestimmungen, die auch für die »jungen« Studierenden gelten, d.h. Sie müssen Leistungsnachweise erbringen, Prüfungen ablegen und bestimmte Fristen einhalten. Am Ende steht dann ein regulärer Universitätsabschluss. Zum anderen können Sie sich als Gasthörer einschreiben. Dabei gibt es keine Altersoder Ausbildungsbeschränkungen und keine Prüfungen. Allerdings: Gasthörer müssen pro Semester eine Gebühr bezahlen, unabhängig von der Anzahl der belegten Stunden. Vorlesungsverzeichnisse, die über die angebotenen Veranstaltungen des kommenden Semesters informieren, gibt es in den Stuttgarter Buchhandlungen zu DM 7 (Winter) bzw. DM 4 (Sommer).

Universität Stuttgart, Studium generale, Keplerstr. 17, 70174 Stuttgart, Tel. 35 83 o. 41 65. Sprechstunde Di u. Do 11-13 Uhr. Semestergebühr für Gasthörer: DM 200.

Universität Hohenheim

Die Universität Hohenheim bietet ein »Studium generale« an, das einen Einblick in die Themengebiete einzelner Fachrichtungen bietet. Das Studium ist kostenlos und für jedermann zugänglich, dafür ist das Angebot aber nicht so umfangreich wie an anderen Universitäten. Während des Semesters finden im 14-tägigen Rhythmus etwa fünf bis sechs Gastvorträge auswärtiger Wissenschaftler statt. Abgedeckt werden eher naturwissenschaftliche Themengebiete wie Agrarwissenschaft, Umwelt, Ökologie, Biologie, Ernährung, Informatik. Aber auch zur Politikwissenschaft findet die eine oder andere Veranstaltung statt. Beim Studium generale können keine Leistungsnachweise oder gar Abschlüsse erworben werden, es ist vielmehr als Bildungsmaßnahme für Studenten aller Fachrichtungen und andere Interessierte gedacht, die sich aus »purer Lust am Lernen« mit bestimmten Themen auseinandersetzen oder bereits vorhandenes Wissen erweitern wollen. Die Vorträge, an die sich meist eine mehr oder weniger lebhafte Diskussion anschließt, finden immer montags um 19 Uhr statt. Das Vorlesungsverzeichnis des Studium generale ist beim Sekretariat der Universtität Hohenheim erhältlich oder kann auch – gegen Rückporto – unter der unten angegebenen Anschrift angefordert werden.

Universität Hohenheim, Studium generale im Europaforum (Kirchnerstraße). Postanschrift: 70593 Stuttgart, Tel. 459-26 18, Kontakt: Frau Maut. Tägl. 8-12 Uhr.

VOLKSHOCHSCHULE

Die VHS in Stuttgart gibt ein eigenes Programm zum Themenkreis »Älterwerden« heraus, die »Angebote für den Nachmittag des Lebens«. Angesprochen werden Menschen, die die Vormittags- und/oder Nachmittagsangebote der VHS bevorzugen, beispielsweise weil sie am Tag über die nötige Zeit verfügen oder abends nicht mehr gerne aus dem Haus möchten. Elke Leinhos, Diplompädagogin und verantwortlich fürs Programm, hat Angebote für Nachdenkliche, Musische, Körperbewusste, Kreative und Lernfreudige zusammengestellt, sie berät Interessierte aber auch gerne individuell am Telefon. Einen speziellen Seniorenpass gibt's bei der VHS nicht, aber die Kursgebühren im Älteren-Programm sind teilweise ermäßigt.

»Themenkreis Älterwerden«, Fritz-Elsas-Str. 46/48, 70174 Stuttgart, Tel. 18 73-777 o. -797, Kontakt: Elke Leinhos. Mo-Fr 9-12 Uhr. Veranstaltungen DM 0-150.

SENIORENAKADEMIE

Alljährlich bietet die Seniorenakademie des katholischen Bildungswerks ein prall volles Programm für und unter der Mitwirkung von Menschen im dritten Lebensalter an. Interessierte erwartet eine Mixtur aus Lese- und Gesprächskreisen, Kunst-Spaziergängen, philosophisch geprägten Diskussionen, politischen Frühschoppen und anderem mehr. Doch nicht nur der Geist wird mit neuem »Futter« versorgt, auch der Körper wird fit gehalten, etwa mit Yoga. Sind Sie im Grunde Ihres Herzen ein Philosoph? Oder ist Geschichte Ihr Spezialgebiet? Dann können Sie selbst Dozent bei der Seniorenakademie werden.

Katholisches Bildungswerk Stuttgart e.V., Bolzstr. 6, 70173 Stuttgart, Kontakt: Paul Schiebel, Tel. 223 89 65. Mo-Fr 9.30-11.30 u. 13.30-15.30 Uhr. Kurse DM 64-120.

SENIORENNET

Dass »surfen« nichts mit Wasser zu tun haben muss, wissen die 60 Damen und Herren, die sich dem SeniorenNet Stuttgart angeschlossen haben, längst. Computer und der Umgang mit ihnen ist nicht nur etwas für junge Leute, dachten sich die 60 Gründungsmitglieder, die dieses Medium in ihrem Alltag aktiv und kreativ nutzen wollen. Gegen einen Mitgliedsbeitrag von DM 50 im Jahr können sich Computerneulinge nun von gleichaltrigen und jungen Computerfreaks die Welt des Internets erkären lassen. »Gegenseitige Hilfe ist für uns das Wichtigste«, sagt Chris Schäfer-Kirn, die für die Mitgliederbetreuung zuständig ist. Bislang besteht einmal in der Woche die Möglichkeit unter Anleitung zu surfen, es gibt eine Mailingliste zur Kontaktaufnahme mit anderen Mitgliedern und in einem Schnupperkurs kann der »Internetführerschein« gemacht werden. Geplant sind außerdem verschiedene PC-Kurse und eine Vortragsreihe.

Oberer Bauernwaldweg 53, 70195 Stuttgart, Tel. 69 11 27, Kontakt: Chris Schäfer-Kirn.

LANDESZENTRALE FÜR POLITISCHE BILDUNG

Haben Sie schon einmal darüber nachgedacht, wie ältere Menschen anderswo in Europa leben? Die Landeszentrale für politische Bildung informiert in ihren offenen Seminaren über dieses Thema ebenso, wie beispielsweise über die »Zukunft Asiens« oder »Russland und die Ukraine«. Die Programmmacher kehren politisch und historisch also nicht nur vor der baden-württembergischen Haustüre, sondern mischen auch bei nationalen und internationalen Fragen mit. Es gibt auch spezielle Seminare für ältere Menschen.

Landeszentrale für politische Bildung Baden-Württemberg, Stafflenbergstr. 38, 70184 Stuttgart, Tel. 23 71 30. Seminar ab DM 60.

MEDIOTHEK

Über 10.000 Medien stehen den Besuchern der Mediothek zur Verfügung: Nachschlagewerke, Computerprogramme, CD-ROMs und -Datenbanken, Internet, internationale Tages- und Wochenzeitungen, Landkarten, Stadtpläne, Zeitschriften, Filme, CDs und vieles mehr. Damit jeder das Passende für sich aus dem riesigen Angebot auswählen kann, veranstaltet die Mediothek regelmäßig Führungen: Jeden ersten Dienstag im Monat startet um 17 Uhr der Rundgang durch die Einrichtung. Anmeldung ist nicht erforderlich, die Führung dauert etwa eine Stunde. An jedem dritten Dienstag im Monat lädt die Mediothek um 17 Uhr zur Computerführung ein. Interessierte lernen dabei, wie man mit Internet, CD-ROMs und interaktiven Lernprogrammen zu den verschiedensten Wissensgebieten umgeht. Wichtig: Telefonische Voranmeldung ist hier notwendig.

Rotebühlplatz 28, 70173 Stuttgart, Tel. 660 72 22, Di-Do 11-19, Fr 11-20 Uhr. Führung und Nutzung kostenlos.

HOSPITALHOF

Im Hospitalhof Stuttgart vermittelt das Evangelische Bildungswerk neues Wissen über nicht alltägliche Themen. Besonders auf den Gebieten der Theologie und Psychologie, der Selbsterfahrung, des Umgangs mit anderen und der Selbsthilfe liegen die Schwerpunkte. Pro Semester werden etwa 200 bis 250 Kurse und Vorträge angeboten, z.B. Zen-Meditation, Bio-dynamische Körperpsychotherapie, Shiatsu, Emotionale Intelligenz, Hakomi, Feldenkrais-Methode, Tai Chi-Chuan, Zilgrei... In anderen Kursen, Workshops und Seminaren können Sie auch lernen, sich kreativ auszudrücken, beispielsweise beim Schreiben, Malen, Tanzen oder Erzählen. Veranstaltungsprogramme des Hospitalhofs liegen öffentlich aus, können aber auch gegen einen adressierten und mit DM 3 frankierten Rückumschlag angefordert werden. Eine frühzeitige Anmeldung ist ratsam.

Evangelisches Bildungswerk, Gymnasiumstr. 36, 70174 Stuttgart, Tel. 20 68-150. Vortrag DM 5-6, Kurse ca. DM 115.

Wer rastet, der rostet

Seniorensport – wer sich darunter ein paar langweilige Gymnastikübungen vorstellt, wird positiv überrascht sein von dem Angebot, das sich Sportvereine und andere Verbände ausgedacht haben, um Menschen in der zweiten Lebenshälfte fit zu halten.

Dass Sport und Bewegung unerlässlich sind, um bis ins hohe Alter fit zu bleiben, ist allgemein bekannt. Und inzwischen wird auch der Tatsache Rechnung getragen, dass es – wie in jeder Altersgruppe – auch unter den Senioren unterschiedlich sportliche Menschen gibt. Grundsätzlich können ältere Menschen – sofern sie gesund sind – in (fast) allen Sportarten aktiv sein. Viele Vereine, Fitnessstudios und andere Anbieter offerieren daher auch spezielle Kurse und Veranstaltungen für Senioren. Deren Vorteil liegt nicht nur darin, dass ein Training unter Gleichaltrigen mehr Spaß macht, sondern auch, dass Bewegungsabläufe, Belastung, Tempo etc. auf die körperliche Konstitution älterer Menschen abgestimmt sind. Auf einer Palette, die vom fernöstlichen Entspannungstraining bis zum Tauchlehrgang reicht, findet jeder den Sport, der seinen Bedürfnissen und Vorlieben entspricht.

Auch wenn Sie bisher eher zu den »Bewegungsmuffeln« gehörten, sollten Sie sich auf den nächsten Seiten inspirieren lassen. Denn regelmäßige Bewegung trägt entscheidend zu Ihrem Wohlbefinden bei. Wenn Sie gesundheitliche Bedenken haben, lassen Sie sich vorher von Ihrem Hausarzt untersuchen und beraten, welcher Sportart Sie bedenkenlos nachgehen können.

»AKTIV ÄLTER WERDEN«

heißt die kostenlose Broschüre des Stuttgarter Sportamts. Sie verrät Ihnen, welche Vereine und Institutionen besondere Sportangebote für Senioren haben. Zu beziehen ist sie bei der Sportinfostelle, deren Mitarbeiterinnen Ihnen auch gern schnell und unkompliziert telefonisch Auskunft geben, z.B. wenn Sie wissen möchten, wo Sie in der Nähe Ihrer Wohnung an einem Aerobic- oder Yogakurs teilnehmen können.

Sportinfostelle, Nadlerstr. 4, 70173 Stuttgart, Tel. 216 21 41. Mo-Fr 9-15.30 Uhr.

BECKENBODEN-TRAINING

Beckenbodengymnastik? Sagen Sie nicht, das sei nur etwas für »Blasenschwache«. Das gezielte Training der Beckenbodenmuskulatur, wie sie vom Kneipp-Verein angeboten wird, tut Menschen jeden Alters gut, denn die ganzheitlichen, isometrischen Übungen verbessern das Körpergefühl allgemein und man lernt gleichzeitig auch das »richtige« Gehen und Sitzen. Frauen bewahrt das regelmäßige Beckenbodentraining vor Gebärmuttersenkungen, Männer vor Prostatabeschwerden. Und nicht zu vergessen: Durch Beckenbodengymnastik lässt sich auch die sexuelle Erlebnisfähigkeit steigern!

Kneipp-Verein, Unterländer Str. 52, 70435 Stuttgart. Kontakt: Brigitte Müller, Tel. 879 03 92. DM 10-15 pro Stunde (je nach Teilnehmerzahl).

WALKING

Da »sausen« sie wieder im Stechschritt durch den Degerlocher Wald. Vorneweg, wie immer, die Leiterin Elisabeth Haule, die, das muss man wissen, am 9. August 1919 geboren ist. Mit 50 fing sie an, Sport zu treiben, und gehört heute mit ihrem Mann Friedemann zu den Stuttgarter Top-Walking-Spezialisten. Das rasche Gehen (nur effektiv mit den korrekten Armbewegungen) ist für Ältere wie gemacht, denn Herz und Kreislauf werden gefordert, die Gelenke hingegen geschont. Anfänger sind stets willkommen und werden individuell in die passende Leistungsgruppe eingeteilt.

Sonderkurs Walking der Sportabt. im Sozialwerk der Stuttgarter Straßenbahnen AG, Tel. 78 85 26 74. Treffpunkt: Mo 18 Uhr am Parkplatz am Königssträßle in Degerloch. Kosten: DM 30 pro Quartal.

INDIACA

In Amerika ist das Spiel mit dem federbesetzten Lederball bereits ein populärer Sport. Nach den Regeln des Volleyballs gespielt, ist Indiaca für Männer und Frauen jeden Alters, die gutes Ballgefühl, Augenmaß und Teamgeist mitbringen sollten, geeignet. Daher sind auch die Teams, die sich auf Turnieren gegenüberstehen, altersmäßig meist gemischt.

Indiaca-Gruppe des VTF Feuerbach, Kontakt: Hans-Dieter Heinz, Tel. 81 24 13. Training: Reisachschule, Maierwaldstr. 14, 70499 Stuttgart, Fr 18.45-20 Uhr. Kosten: Nichtmitglieder DM 70 pro Halbjahr.

Eistanz

Gleich vorneweg: »Eistanz ist nicht leicht«, sagt Walter Böhm, der Vorsitzende der Abteilung Eistanz vom TEC Waldau. Jugend ist allerdings keine Grundvoraussetzung, um sich zu Walzer oder Foxtrott auf der Eisbahn Waldau zu drehen. Die Ältesten, die dem eisigen Vergnügen frönen, gehen schon auf die 80 zu. Neulinge sollten ein Gefühl für Musik mitbringen und und in jedem Fall sicher vorwärts und rückwärts auf Schlittschuhen laufen können.

TEC Waldau, Abt. Eistanz, Jahnstr. 88, 70597 Stuttgart. Kontakt: Walter Böhm, Tel. 07146-72 02. Jahresbeitrag DM 240. Privatunterricht DM 20 pro Viertelstunde. Probestunde möglich.

Jonglieren

Wie man Keule, Bälle oder Diabolo perfekt beherrscht, kann man beim Jongliertreff lernen. Zirkusreif wird zwar nur, wer die Kunst schon in jungen Jahren erlernt, doch für den Hausgebrauch lässt sich Jonglieren auch jenseits der 50 aneignen. Das Spiel mit den Bällen schult Konzentration und Koordination und übt das rückenschonende Bücken – denn am Anfang landen die Bälle öfter auf dem Boden, als einem lieb ist.

Jongliertreff, Verein für vielfältige Bewegungskultur (VfvB), Kontakt: Anja Pan-Galan Tel. 74 96 15. Training: Di 18-19.30 Uhr, Kleinturnhalle des Königin-Katharina-Stifts, Schillerstr. 2, 70173 Stuttgart. Kosten: DM 4 pro Abend.

Eurythmie

Eurythmie bedeutet »Sprachbewegung«, das heißt, man versucht Sprache in Körperbewegungen umzusetzen. »Eurythmie ist gut für Leib, Seele und Geist, sie baut den ganzen Menschen auf und man bewegt dabei alle Muskelfasern«, sagt Eurythmistin Uta Marquardt. Altersgrenzen gibt es nicht, die Übungen, die das Rhythmus- und Raumgefühl trainieren, kann man mit zwölf oder erst mit 90 Jahren erlernen. Man muss auch nicht unbedingt Anhänger der Anthroposophie sein, um einen Zugang zu finden.

Lebensgemeinschaft im Alter, Nikolaus-Cusanus-Haus, Törlesäckerstr. 9, 70599 Stuttgart, Tel. 45 83-0. Kontakt: Uta Marquardt, Tel. 45 58 51.

Square Dance

Es muss nicht immer Tango sein! Der amerikanische Square Dance eignet sich auch für die reiferen Jahrgänge, denn man legt keinen Wert darauf, Wettbewerbe zu gewinnen. Anfänger müssen nicht mehr mitbringen als die Fähigkeit, »bis drei zu zählen und rechts und links zu unterscheiden«, so der Vorsitzende der »Stuttgart Strutters«, Peter Betz. Als Ausstattung genügen anfangs für Herren eine lange Hose und ein langärmliges Hemd, für Frauen langer Rock und Bluse.

Stuttgart Strutters German American Square Dance Club, Tel. 999 21 13. Training: Mi 20-22 Uhr, Vereinsgaststätte des TSV Mühlhausen, Mönchfeldstr. 100, 70378 Stuttgart. Einführungskurs (10 Monate) DM 150 (Singles), DM 250 (Paar).

Aikido

Aikido ist nicht nur eine Kampfsportvariante, sondern in erster Linie eine ganzheitliche Sportart, die Körper, Geist und Seele anspricht. Die Vielseitigkeit der Bewegungsformen ist ein gutes Organ- und Kreislauftraining. Reine Körperkraft spielt keine Rolle, weshalb Aikido der für reifere Jahrgänge beste Asien-Kampfsport ist. Zumal das Training auch einen Weg zum besseren Ich eröffnen soll – was schließlich kein Privileg der Jungen ist.

Aikido Club Stuttgart e.V., Auf dem Haigst 36, 70597 Stuttgart, Tel. 76 07 89. Kurs: DM 120 (12 Termine), Probetraining mögl.

Gyrotonics

Der Fernseh-Talkmaster Harald Schmidt gehört bereits zu den Fans des seltsam aussehenden Sportgeräts, das eher an eine mittelalterliche Folterbank erinnert. Die Gyrotonic-Maschine, die nun auch in Deutschland nach und nach bekannt wird, hat Juliu Horvath entwickelt, ein amerikanischer Tänzer, der nach einer schweren Verletzung vor Schmerzen nicht mehr aus noch ein wusste. Das Gerät ist so konstruiert, dass fließende Bewegungsabläufe aus dem klassischen Ballett, aus Yoga und Schwimmen simuliert werden. Der Vorteil der Methode: Muskeln werden nicht isoliert durchgearbeitet wie an den gängigen Fitnessgeräten, sondern über ganze Bewegungsketten trainiert. Vor allem aber werden Beweglichkeit (im Alter ganz wichtig!), Körpergefühl und Balance (auch bei krankhaften Beschwerden) gefördert. »Sie bekommen lange, geschmeidige Muskeln wie ein Tänzer«, verspricht Trainerin Heike Labude. Weil die Abläufe nicht ganz einfach sind, brauchen Sie anfangs eine genaue Einweisung. Diese erfolgt in mindestens fünf Einzelstunden – was die Sache leider relativ teuer macht. Dafür bekommen Sie einen Trainingsplan, der exakt auf Ihre körperliche Konstitution zugeschnitten ist.

Studio 21, Heike Labude, Tübinger Str. 21, 70178 Stuttgart, Tel. 649 96 21, Fax 649 96 12. Kostenloses Probetraining nach Vereinbarung. Einstiegsstunde (mind. fünf) à DM 100, danach sinkt der Preis für die Zehnerkarte nach einem Staffelsystem auf DM 250.

Personal Training

Was Hollywoodstars können, können Sie auch: nämlich Sport treiben unter Anleitung eines persönlichen Trainers. Etwas Effektiveres lässt sich kaum denken, denn der eigene Coach geht genau auf die individuellen Schwachpunkte ein. Genau richtig für alle, die gesundheitliche Probleme haben. Weil es in dieser Branche auch Scharlatane gibt, sollten Sie sich den Trainer aber unbedingt genau ansehen: Ein Uni-Diplom (Sportlehrer etc.) ist Voraussetzung, auch sollte er (oder sie) etwas von Ernährung und Sportmedizin verstehen.

- *Fitness Factory, Stefan Müller, Hoferstr. 9, 71636 Ludwigsburg, Tel. 07141-92 10-0.*
- *Thomas Bezler, Gesundheits- und Fitnessbetreuung, Schorndorfer Str. 37/1, 70736 Fellbach, Tel. 07151-571 95 10.*
- *Preise bei beiden: DM 70-100 pro Std.*

Fit mit Fun

Im Sportstudio »Fit und Funny« trainieren keine Muskelprotze, sondern »normale« Leute aller Altersgruppen. Chef Stephan Vorländer legt Wert darauf, dass sich jeder wohlfühlt. Das wissen vor allem Ältere zu schätzen, die sich hier zu Aerobic, zur Wirbelsäulengymnastik oder zum Gerätetraining treffen.

Sportstudio Fit und Funny, Griegstr. 27b (Nanz-Zentrum), 70195 Stuttgart, Tel. 69 82 12. Mo-Do 9-13 u. 16-22, Fr 9-22, Sa 11-18, So 9-20 Uhr. Monatsbeitrag für Senioren DM 65 (vormittags), DM 75 (zu jeder Tageszeit).

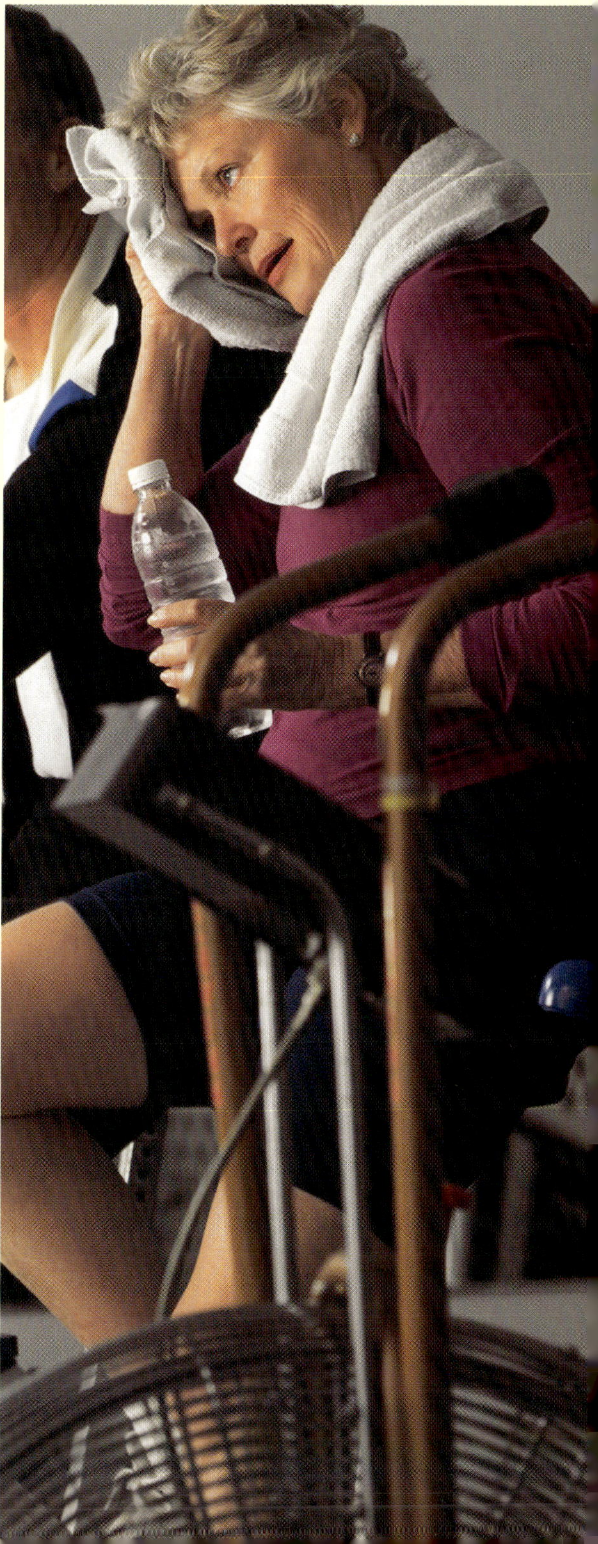

MINERALBAD BERG

Das Mineralbad Berg, auch »Neuner« genannt, zu empfehlen, heißt, dass man mit dem Mineralbad Leuze gleich nebenan nicht viel am Hut hat. Zwar prickelt in beiden Bädern derselbe mineralhaltige und kohlensäurereiche Natriumkarbonatsäuerling (ungechlort!), doch »das Berg« ist kein modernisiertes »Spaßbad« mit Rutsche, Wasserfall und Kindergeschrei. Im Gegenteil: Das Privatbad verströmt noch den Charme der Fünfziger, und der Connaisseur schätzt, dass einen hier der Chef im Straßenanzug persönlich nach dem Wohlbefinden befragt. Ein Geheimtipp ist der Ruheraum mit seiner nostalgischen Zauberberg-Atmosphäre. Schön für Leute mit Zeit ist vor allem, dass man in der Sauna (nach Männlein und Weiblein getrennt!) den Tag vertritscheln kann, ohne nach drei Stunden nachzahlen zu müssen.

Mineralbad Berg, Am Schwanenplatz 1, 70190 Stuttgart, Tel. 26 10 60. Tägl. 6-20 Uhr. Eintritt: DM 9,60, Sauna DM 24 (zeitl. unbegrenzt).

STUTTGARTER KUR

Nach dem Fango wieder Tango! Wellness ist das Zauberwort der Neunziger, und wenn man schon die Mineralquellen vor der Haustür hat, warum nicht eine »Stuttgarter Kur« machen? Die Heilbehandlung ist vielseitig: Fünf staatlich anerkannte Heilquellen mit unterschiedlichen Mineralzusammensetzungen, eine Thermalsole, Naturfango-Packungen, Massagen und Bewegungstherapie machen Sie wieder rundum fit. Die »Stuttgarter Kur« muss in jedem Fall vom Arzt verschrieben werden, doch man kann sich natürlich auch auf eigene Kosten Behandlungen verpassen lassen (z.B. Teilmassage im Mineralbad Leuze DM 26, Vollmassage DM 40).

- *Kurarztpraxis, Am Leuzebad 2-6, 70190 Stuttgart, Tel. 216-45 65.*
- *Mineralbad Leuze, Am Leuzebad 2-6, 70190 Stuttgart, Tel. 216-42 10. Tägl. 6-21 Uhr. Tageskarte DM 25.*

SCHWIMMSCHULE HERRMANN

Sie machen unheimlich gerne Urlaub am Meer, trauen sich aber nie ins Wasser? Das können Sie ändern! Die gut ausgebildeten, diplomierten Sportpädagogen und Schwimmlehrer der Schwimmschule Herrmann bringen jedem das Schwimmen bei, ganz egal, wie alt der Schwimmanfänger ist. In kleinen Gruppen von vier bis sieben Personen und gut geschützt vor neugierigen Blicken, lernt man nach und nach die Angst vor dem Wasser abzubauen. Sie können wählen, ob Sie lieber mit anderen oder alleine lernen wollen: Die acht Lektionen des Kompaktkurses in der Gruppe werden für DM 382 erteilt, der Eintritt ins wohl temperierte Privatschwimmbad ist darin schon enthalten. Die Einzelstunde kostet dagegen DM 73 – wie viele Stunden Sie brauchen, hängt von Ihren Fortschritten im nassen Element ab.

Botnanger Str. 70, 70193 Stuttgart, Tel. 964 00 44.

Schwaben-Quellen

Direkt neben der Musical-Hall befinden sich die »Schwaben-Quellen«, ein rund 6.000 qm großes Sauna- und Vitalbad, in dem auch viele reifere Jahrgänge Entspannung suchen. Rund um eine kleine Badelagune können Sie verschiedene Saunen, Dampfbäder, Whirlpools und Solarien besuchen. Dank der Kombi-Tageskarte können Sie anschließend bei »Body & Soul« an Trainingsstunden in Atemgymnastik, Stretching oder Qi Gong speziell für Senioren teilnehmen.

Hotel Copthorne Stuttgart International, Plieninger Str. 100, 70567 Stuttgart. Schwaben-Quellen, Tel. 72 52-834. Mo, Di, Do 10-23, Mi/Fr 10-24, Sa/So 9-24 Uhr. Body & Soul, Tel. 72 52-851. Mo-Fr 7-23, Sa/So 9-20 Uhr. Kombitageskarte DM 50.

Rudern

Rudern ist das ideale Ganzkörpertraining, das sich außerdem im Sitzen ausführen lässt: Die Herren vom Senioren-Achter des Stuttgart-Cannstatter Ruderclubs – alle zwischen 85 und 90 Jahren – sind allemal im Boot schneller als zu Fuß. Seit neuestem wird auch ein Anfängerkurs für ältere Frauen und Männer angeboten. Wer gern mit anderen in einem Boot sitzt, schwimmen kann und das Rudern erlernen möchte, sollte sich melden. Der Neckar ist auf jeden Fall ein herrliches Trainingsgebiet.

Stuttgart-Cannstatter Ruderclub, Wagrainstr. 140, 70378 Stuttgart, Tel. 530 05 28. Kurs DM 200 (8 Abende).

»Seniorobic«

Bei ihrem Auftritt beim Stuttgarter Evangelischen Kirchentag 1999 hat die Seniorobic-Truppe des Pfeffer-Clubs manche Jungen ganz schön alt aussehen lassen. Das ist bei vielen Mitgliedern des Klubs der Fall, der aktiven Menschen über 50 eine Vielzahl an sportlichen und sozialen Aktivitäten, wie Gerätetraining, Aerobic oder Fun-Walking, ermöglicht. Wichtig ist auch die Geselligkeit: Treffs zum Frühstück, gemeinsame Mittagessen oder Ausflüge in die Region sind regelmäßige Programmpunkte.

TVC-Pfeffer-Club, Turnverein Cannstatt 1806, Geschäftsstelle, 70376 Stuttgart, Tel. 54 29 79, Fax 55 76 86. Beitrag: Mitgl. DM 170 , Nichtmitgl. DM 390 pro Jahr. Zehnerkarte DM 35.

RADELN

Stuttgart selbst ist zwar alles andere als ein Eldorado für Radler, doch die »Radel-Thon-Strecke« bietet immerhin einen 83 km langen Rundkurs durch die Stadt. Wer lieber organisiert auf Touren kommt, kann dem Rad-Touristik-Club beitreten. Hier wird, wie sich der Chef Hans Dieter Mackenthun ausdrückt, »Volkslauf auf Fahrrädern« angeboten. Keine Angst: Obwohl Kondition wichtig ist (die Strecken variieren zwischen 50 und 150 Kilometern), sind unter den 50 Mitgliedern (Frauen und Männer) die meisten schon im gestandenen Alter.

- *Die Radel-Thon-Karte ist beim i-Punkt, Königstr. 1a (Klett-Passage), an der Infothek im Rathausfoyer sowie beim Sportamt in der Nadlerstr. 4 gegen eine Spende von mindestens DM 6 erhältlich.*
- *Rad-Touristik-Club Stuttgart, Vereinsheim SKG Gablenberg, Albert-Schäffle-Str. 6, 70186 Stuttgart, Tel. 46 14 81 u.754 10 88. Jahresbeitrag: DM 60.*

SEGELN

Schon mal davon geträumt, an Bord einer Jacht übers Mittelmeer zu schippern? Kein Problem, wenn Sie nicht leicht seekrank werden und auch mal zupacken können: Der Stuttgarter Jachtclub, dessen 60 Mitglieder fast alle über 40 sind, sucht des Öfteren Mitsegler für Törns ins Ausland, zum Beispiel nach Griechenland. Die Altersstruktur hat nur den einen Nachteil, dass die Ausbildungsmöglichkeiten nicht sehr umfangreich sind. Wer einen Segelschein machen möchte, wendet sich am besten an den Stuttgarter Segel-Club.

- *Yachtclub Stuttgart 1974, Postfach 61 03 11, 70310 Stuttgart. Kontakt: Uta Kurz, Tel. 46 14 70 o. Herbert Rübling, Tel. 432 91.*
- *Stuttgarter Segel-Club, Mühlhäuser Str. 301, 70378 Stuttgart, Tel. 53 29 80. Kompaktkurs (25 Std. Theorie, 42 Std. Praxis) DM 800.*

BOULE

Die Älteren wissen es natürlich noch: Boule, manchen besser bekannt als Boccia oder Petanque, war der Lieblingssport des Nachkriegsbundeskanzlers Adenauer, bei dem er sich am besten vom anstrengenden Aufbau der Republik erholte. Hauptsächlich in den Mittelmeerländern (erinnern Sie sich an schöne Italien- oder Frankreichurlaube!) ist das »Kugelwerfen« eine geruhsame Beschäftigung der Älteren geblieben, die sich nicht ins »Fit-for-Fun-Getümmel« stürzen möchten. Obwohl in Stuttgart auch Jüngere die Kugeln rollen lassen, hält man hier nichts von Hektik: Die Boule-Anhängerschaft zeichnet sich durch gelassene Lebensart aus.

- *Boule-Club Stuttgart, Kontakt: Gerti Röckel, Tel. 667 30. Trainingsgelände: Hofener Straße unter dem alten Viadukt in Stuttgart-Münster.*
- *A.R.C.E.S., Geschäftsstelle: Paolo Di Mieri, Rossbachstr. 23. 70499 Stuttgart, Tel. 887 41 45. Training: Vereinsheim, Lohäckerstr. 11, 70378 Stuttgart, Tel. 71 44 23.*

Noch Fragen?
Die folgenden Organisationen, Vereine und Beratungsstellen helfen Ihnen bei Fragen und Problemen mit Rat und Tat oder mit der Nennung des richtigen Ansprechpartners weiter.

Beratung

IAV-Beratungsstellen dienen als **I**nformations-, **A**nlauf- und **V**ermittlungsstellen bei Fragen zur Unterstützung, Versorgung und Pflege im Alter und bei Krankheit. Die stadtteilbezogenen Stellen beraten umfassend über alle Angebote, Dienste und Einrichtungen für ältere Menschen. Die Sprechzeiten aller Beratungsstellen sind Mo, Mi, Fr von 9 bis 12 Uhr und nach Vereinbarung.

- *IAV-Stelle Mitte, Einzugsbereich Mitte, Fangelbachstr. 19, 70180 Stuttgart, Tel. 216 38 85. Weitere Sprechzeiten: Mo 16-17 Uhr.*
- *IAV-Stelle Nord, Einzugsbereich Nord, Fangelbachstr. 19, 70180 Stuttgart, Tel. 216 39 50. Weitere Sprechzeiten: Mo 16-17 Uhr.*
- *IAV-Stelle Süd, Einzugsbereich Süd, Kaltental, Böblinger Str. 18, 70178 Stuttgart, Tel. 216 44 90 u. 216 47 70. Weitere Sprechzeiten: Do 16-17 Uhr.*
- *IAV-Stelle West, Einzugsbereich West, Botnang, Reuchlinstr. 4b, 70178 Stuttgart, Tel. 216 74 00 u. 216 74 73. Weitere Sprechzeiten: Do 16-17 Uhr.*
- *IAV-Stelle Ost, Einzugsbereich Ost, Frauenkopf, Hackstr. 89, 70190 Stuttgart, Tel. 216 40 17 u. 216 50 18. Weitere Sprechzeiten: Do 16.30-17.30 Uhr.*

Weitere IAV-Stellen in der Region erfahren Sie bei einer der oben genannten Telefonnummern.

- *Telefonseelsorge, Tel. 0800-111 01 11.* Rund um die Uhr erreicht man aufgeschlossene und ausgebildete Gesprächspartner, anonym und gebührenfrei.
- *Verbraucherzentrale Baden-Württemberg, Paulinenstr. 47, 70178 Stuttgart, Tel. 66 91 10.* Beratungen in Fragen des Verbraucherschutzes, z.B. bei Verträgen und Ähnlichem.
- *Budgetberatung der Landesgirokasse Stuttgart, Terminvereinbarung über Tel. 124 27 30.* Kostenloser Service für Haushalts- und Budgetplanungen um Verschuldung zu vermeiden, Erstellung individueller Haushaltspläne, Infos zu Finanzplanung gemäß den persönlichen Wünschen und Lebenssituationen.
- *Schuldnerberatung Stuttgart, Kontakttelefon 216 47 74.* Individuelle Beratung bei Verschuldung.
- *Kundenzentrum Neckarwerke Stuttgart, Lautenschlagerstr. 21, 70173 Stuttgart, Tel. 289 91.* Beratung zu Energie- und Wasserpreisen, Jahresabschlussrechnungen, Abschlagszahlungen und Abrechnung bei Wohnungswechsel.
- *Amt für Wohnungswesen, Holzstr. 13, 70173 Stuttgart, Tel. 216 34 20.* Beratung in Wohnungs-, Mietpreis- und damit verbundenen Rechtsangelegenheiten.
- *Sozialamt der Stadt Stuttgart, Eberhardstr. 33, 70173 Stuttgart, Tel. 216 24 95.* Beratung zum Familien- und Sozialpass.

Interessenvertretung

- *Amtsgericht Stuttgart, Hauffstr. 5, 70190 Stuttgart, Tel. 921 30 82 u. 921 30 84.*
- *Amtsgericht Bad Cannstatt, Badstr. 23, 70372 Stuttgart, Tel. 500 41 69.* Kostenlose Hilfe bei Rechtsanträgen aller Art.
- *Stadtseniorenrat Stuttgart, Rotebühlstr. 28, 70173 Stuttgart, Tel. 61 59 92.* Vertritt Interessen der älteren Generation gegenüber dem Gemeinderat und seinen Ausschüssen.
- *Seniorendienst Stuttgart, Burgenlandzentrum Feuerbach, St.-Pöltener-Str. 29, 70469 Stuttgart, Tel. 856 60 18. Telefonische Voranmeldung Di u. Do 9-12 Uhr.* Hilfe von Senioren für Senioren im Rahmen eines juristischen Beratungsdienstes.
- *Graue Panther, DV Seniorenschutzbund, Haußmannstr. 6, 70188 Stuttgart, Tel. 236 45 77.* Hilfe bei der individuellen Lebensgestaltung für ältere Bürgerinnen und Bürger.
- *Senioren-Union der CDU, Kontakt: Ernst-Georg Bungs, Rosengartenstr. 14, 70184 Stuttgart, Tel. 42 59 06.*
- *SPD Regionalfraktion, Kronenstr. 25, 70174 Stuttgart, Tel. 299 14 95.*

Gesundheit

- *Psychosoziale Beratungs- und Behandlungsstelle für Suchtkranke, Caritasverband Stuttgart, Katharinenstr. 4, 70182 Stuttgart, Tel. 280 91 52.*
- *Psychosoziale Beratungs- und Ambulante Behandlungsstelle für Suchtkranke, Evangelische Gesellschaft Stuttgart, Büchsenstr. 34/36, 70174 Stuttgart, Tel. 205 43 45.*
- *Frauen-Sucht-Beratungsstelle LAGAYA,*

Hohenstauffenstr. 17 b, 70178 Stuttgart, Tel. 640 54 90.
- *Beratungsstelle Blaues Kreuz, Senefeldstr. 109, 70176 Stuttgart, Tel. 223 80 88.*

Selbsthilfegruppen
- *Kontakt- und Informationstelle für Selbsthilfegruppen (KISS), Marienstr. 9, 70178 Stuttgart, Tel. 640 61 17.*
  Vermittelt regionale oder bundesweite Kontakte bei Krankheiten und gesundheitlichen Problemen, Info und Beratung bei der Suche nach Selbsthilfegruppen oder Unterstützung bei Gründung neuer Selbsthilfegruppen.
- *Senioren helfen Senioren, Burgenlandzentrum Feuerbach, St.-Pöltener-Str. 29, 70468 Stuttgart, Tel. 856 60 18.*
- *Hospiz Stuttgart, Stafflenbergstr. 22, 70184 Stuttgart, Tel. 237 41 31 (Stationäres Hospiz), Tel. 237 41 53 (Ambulantes Hospiz).*

Aktivitäten
- *Arbeitsgemeinschaft Treffpunkt Senior, Rotebühlplatz 28, 70173 Stuttgart, Tel. 62 78 08.*
  Angebote und Informationen zur Freizeitgestaltung.
- *Volkshochschule Stuttgart, Fritz-Elsas-Str. 46-48, 70174 Stuttgart, Tel. 187 36.*
- *Stuttgarter Seniorenzeitung, Verlag W. Baumeister, Geschäftsstelle Eugenstr. 16, 70182 Stuttgart, Tel. 23 24 00, Fax: 23 26 00.*
  Erscheint monatlich, Auflage: 14.500 Stück, erhältlich am Zeitschriftenkiosk und im Abonnement; mit Informationen zu allen seniorenrelevanten Themen.
- *Bewegung im Alter, Sportamt der Stadt Stuttgart, Eberhardstr. 33, 70173 Stuttgart, Tel. 216 21 41, Kontakt: Frau Vollmer.*
- *Sozialamt der Stadt Stuttgart, Eberhardstr. 33, 70173 Stuttgart, Tel. 216 34 14, Kontakt: Frau Metzger.*
  Broschüren u. Informationsmaterial mit Tipps zur Freizeitgestaltung.
- *Schwäbischer Heimatbund, Weberstr. 2, 70182 Stuttgart, Tel. 23 94 20.*
  Eine ausführliche Broschüre informiert über die historisch bzw. archäologisch orientierten Führungen, Museums- und Tagesfahrten sowie Studienreisen des Heimatbundes.

Publikationen zum Thema Alter
- *Kuratorium Deutsche Altershilfe, An der Pauluskirche 3, 50677 Köln, Tel. 0221-93 18 47-0.*
  Reichhaltiges Angebot an Büchern und Infobroschüren. Die aktuelle Liste kann kostenlos angefordert werden. Besonders empfehlenswert ist das Buch »Rund ums Alter. Alles Wissenswerte von A-Z«, Hrsg.: Kuratorium Deutsche Altershilfe, München 1996. DM 29,80.
- *Sozialministerium des Landes Baden-Württemberg, Willi-Bleicher-Str. 19, 70174 Stuttgart, Tel. 123 35 16.*
  Diverse Info-Broschüren.

Index

Kochen & Geniessen
mit Büchern von Companions

Sie kochen und verwöhnen gern gute Freunde oder Verwandte mit einem leckeren Essen? Im Buch **»Wo Köche einkaufen«** verraten Profi-Köche aus Ihrer Region, wo sie die Zutaten für ihre kulinarischen Kreationen erstehen. Die Geschäfte sind übersichtlich gegliedert in 23 Rubriken – von Arabisch bis Wild.
Und wenn Sie »auswärts« schlemmen möchten, lohnt ein Blick in das Buch **»Wo Köche essen gehen«**: 200 Köche aus Ihrer Region verraten auf 80 Seiten ihre Lieblingsrestaurants.
COMPANIONS Verlag
je 80 Seiten, DM 17,80

Berlin
Dresden/Leipzig
Düsseldorf
Hamburg
Hannover
Kiel/Lübeck
Köln/Bonn
München
Nürnberg
Rhein-Main-Gebiet
Rhein-Neckar-Dreieck
Ruhrgebiet
Stuttgart

Die Neuauflage – aktualisiert & erweitert!

Berlin
Düsseldorf
Hamburg
Köln/Bonn
München
Rhein-Main-Gebiet
Ruhrgebiet
Stuttgart

Marktfrauen in den Topf geschaut!

Marktleute sind Experten, wenn es um frisches Obst und Gemüse geht. Welche Gerichte sie selbst am liebsten aus marktfrischen Zutaten kochen, verraten sie in **»Rezepte frisch vom Markt«.** Unsere Autoren waren in 15 Regionen Deutschlands unterwegs, um regionaltypische und ausgefallene Rezepte direkt am Marktstand »einzusammeln«. Bei ihren Streifzügen entlockten sie Marktfrauen und Händlern nicht nur die ausführlichen Rezepte ihrer Lieblingsgerichte, sondern auch nützliche Tipps und Kniffe zu Qualität, Aufbewahrung und Zubereitung frischer Lebensmittel vom Markt.

COMPANIONS Verlag
96 Seiten, DM 24,80

COMPANIONS

Impressum

COMPANIONS Glänzer Linkwitz Wiskemann GmbH
Van-der-Smissen-Straße 2, 22767 Hamburg
Tel. 040-306 35-100, Fax 040-306 35-150
E-Mail: info@companions.de

Autorinnen: Christiane Binder, Gaby Landau, Barbara Scherer
Lektorat und Schlussredaktion: Ulrike Frühwald, Claudia Thomsen (Ltg.)
Schlusskorrektur: Arnd M. Schuppius
Titelgestaltung und Layoutkonzeption: Cornelia Prott
Titelfoto: The Stock Market (Ronnie Kaufman)
Produktion: Carin Behrens
Gesamtherstellung: Milano Stampa New Interlitho SpA

Bildnachweise:
PhotoDisc: S. 2, 4, 7, 16, 20, 24, 27, 35, 38,
41, 42, 44, 47, 48, 50, 58, 62, 64, 67, 70, 72
Digital Stock: S. 8, 10, 28, 53, 54, 69
MEV Verlag: S. 12, 15, 74
Project Photos: S. 22
Illustrationen: Image Club Graphics

ISBN 3-89740-169-X

Wir danken: Hartmut Heincke, Claudia Langer und allen anderen, die zum Gelingen dieses Buches beigetragen haben.

Gedruckt auf 100 % chlorfrei gebleichtem Papier.